FIT & SICHER IN DEUTSCH

5. UND 6. KLASSE

Compact Verlag

Bisher sind in dieser Reihe erschienen:

➔ Fit & sicher in Französisch
➔ Fit & sicher in Deutsch
➔ Fit & sicher in Englisch
➔ Fit & sicher in Mathematik

Text: Dr. Karin Nierlich, Stefanie Thuir, Madeleine Willing
Chefredaktion: Dr. Angela Sendlinger
Redaktion: Astrid Kaufmann
Fachredaktion: Dr. Thorsten Altena
Produktion: Wolfram Friedrich
Illustration: Doris Oppenauer
Titelabbildung: fotolia.de gajatz
Gestaltung: ekh. Werbeagentur GbR
Umschlaggestaltung: ekh. Werbeagentur GbR

ISBN 978-3-8174-6931-4
5169311

Besuchen Sie uns im Internet: www.compactverlag.de

Inhaltsverzeichnis

Vorwort

Hättest du auch gerne deinen persönlichen Deutsch-Coach, mit dem du üben kannst, wann immer du willst, der dir schwierige Sachverhalte in einfachen Worten erklärt und auf alle wichtigen Fragen eine Antwort gibt?

Das vorliegende Übungsbuch aus der neuen Reihe „Fit & sicher in ..." bietet dir all diese Vorzüge. Inhaltlich ist es auf den Stoff der 5. und 6. Klasse abgestimmt, umfasst also alle Grundlagen der Bereiche Grammatik, Rechtschreibung und Aufsatz. Der Aufbau ist klar strukturiert: Du hast die Möglichkeit, anhand von 40 Kapiteln, die jeweils aus einer Erklärungs-, zwei Übungs- und einer Lösungsseite bestehen und ein scharf abgegrenztes Themenfeld umfassen, deine Kenntnisse im Fach Deutsch Schritt für Schritt zu verbessern.

Auf der Erklärungsseite sind wichtige Sachverhalte als Regeln hervorgehoben und an treffenden Beispielen veranschaulicht. Hinweise zur praktischen Anwendung findest du in informativen Tippkästen. Die Übungen sind methodisch abwechslungsreich und können meist direkt im Buch gelöst werden. Um zu prüfen, ob du alles richtig gemacht hast, brauchst du nur einmal umzublättern: Die übersichtlich aufgebaute Lösungsseite informiert dich, wenn nötig, auch über verschiedene Lösungsmöglichkeiten. Zahlreiche ansprechende Illustrationen geben jedem Kapitel ein eigenes Gesicht.

Dann mal los ... und viel Spaß beim Lernen!

Deutsch

→ Grammatik

Artikel und Substantiv

Im Deutschen unterscheiden wir den bestimmten Artikel (*der, die, das*) und den unbestimmten Artikel (*ein, eine*). Während der bestimmte Artikel verwendet wird, wenn eine Person oder eine Sache bereits bekannt ist, steht der unbestimmte Artikel vor einem Substantiv, das etwas Unbekanntes bezeichnet.

→ REGEL
Der Artikel richtet sich in Genus (Geschlecht), Numerus (Zahl) und Kasus (Fall) nach dem Substantiv.

Beispiele: Ich kaufe ein Buch.
Ich betrachte die Seiten eines Buches.

→ REGEL
Vom unbestimmten Artikel gibt es keinen Plural.

Beispiel: Ich kaufe ein Buch. – Ich kaufe Bücher.

Substantive bezeichnen Lebewesen und Dinge, aber auch Nichtgegenständliches, wie z. B. Gefühle. Man kann sie in zwei Gruppen unterteilen:

- **Konkrete Substantive** bezeichnen sichtbare Dinge wie Lebewesen (*Mann, Pferd, Baum*), Gegenstände (*Stuhl, Fahrrad*) oder Mengen (*Wasser, Sand*).
- **Abstrakte Substantive** bezeichnen Dinge, die man nicht sehen kann, z. B. Eigenschaften (*Mut, Treue*), Tätigkeiten (*das Wandern, die Verlobung*) und Zustände (*Krankheit, Hitze*).

TIPP Denk daran, dass Substantive im Deutschen, anders als im Englischen, Spanischen, Italienischen und Französischen, immer großgeschrieben werden.

Übungen

1. In jeder Buchstabenkette stecken drei Substantive. Suche sie und schreibe sie zusammen mit dem bestimmten Artikel auf!

BUHGBÄRVCÖLAPFELMAWQSCHULEMJDU

KLÖUZTOKWASSERCVIBRUDERMWANDBV

HSPIELKVMYEWARBEITOJALÜBRILLEBNTI

2. Im folgenden Text wurden aus Versehen die Substantive kleingeschrieben. Unterstreiche alle Substantive und schreibe sie korrekt in die Zeilen!

Wenn marion ein haus malt, ist es das haus ihrer großeltern. Das gefällt ihr besonders gut. Überall an den fenstern hat opa blumenkästen befestigt. Im sommer blühen viele bunte blumen darin. Den kleinen rosenbusch neben der haustür pflegt opa sorgfältig. Er soll einmal an der dachrinne hinaufwachsen, bis zu dem spitzen giebel.

Übungen

3. Hier gibt es etwas zu lachen! Setze in dem Witz den fehlenden bestimmten oder unbestimmten Artikel ein.

_______ Junge drängelt sich an _______ Kinokasse nach vorne. Da ruft _______ Stimme aus _______ Warteschlange: „Hinten anstellen!“ Meint _______ Junge schlagfertig: „Geht nicht, da steht schon _______ anderer!“

4. Setze die Substantive in den Singular und achte auf den korrekten Artikel!

a) die Schüler _______________ die Eier _______________

b) die Autos _______________ die Männer _______________

c) die Türen _______________ die Ärzte _______________

d) die Hühner _______________ die Mäuse _______________

5. Ergänze die Tabelle!

	Maskulinum	Femininum	Neutrum
Nominativ	*der Mann* *ein Mann*		
Genitiv			
Dativ		*der Frau* *einer Frau*	
Akkusativ			*das Kind* *ein Kind*

Lösungen

1. der Bär, der Apfel, die Schule
das Wasser, der Bruder, die Wand
das Spiel, die Arbeit, die Brille

2. Marion, Haus, Haus, Großeltern, Fenstern, Opa, Blumenkästen, Sommer, Blumen, Rosenbusch, Haustür, Opa, Dachrinne, Giebel.

3. Ein Junge drängelt sich an der Kinokasse nach vorne. Da ruft eine Stimme aus der Warteschlange: „Hinten anstellen!" Meint der Junge schlagfertig: „Geht nicht, da steht schon ein anderer!"

4. a) der Schüler, das Ei
b) das Auto, der Mann
c) die Tür, der Arzt
d) das Huhn, die Maus

5.

	Maskulinum	Femininum	Neutrum
Nominativ	der Mann ein Mann	die Frau eine Frau	das Kind ein Kind
Genitiv	des Mannes eines Mannes	der Frau einer Frau	des Kindes eines Kindes
Dativ	dem Mann einem Mann	der Frau einer Frau	dem Kind einem Kind
Akkusativ	den Mann einen Mann	die Frau eine Frau	das Kind ein Kind

Jedes Substantiv hat ein grammatisches Geschlecht

In diesem Kapitel lernst du die Unterscheidung des Substantivs nach seinem grammatischen Geschlecht (= Genus; Plural: Genera) kennen.

Lies den folgenden Text und überlege dir schon einmal, warum die vorkommenden Substantive nicht alle denselben Artikel haben.

Das kleine Monster
In einer Höhle am Meer hauste einst ein kleines Monster. Am Tag schlief es bequem in einer Hängematte, nachts spielte es mit seiner Fledermaus. Es war eigentlich mit seinem Leben zufrieden. Trotzdem hatte das kleine Monster einen großen Traum: Es wollte einmal in seinem Leben mit Kindern spielen. Aber lange traute es sich nicht, sich den Kindern zu zeigen, weil es Angst hatte, dass sie sich vor ihm erschrecken könnten. Doch als es eines Morgens aufwachte, traute es seinen Augen kaum. Draußen sah es drei Kinder, die vor seiner Höhle im Sand spielten.

→ REGEL
Substantive haben ein **Genus (Geschlecht)**. Es wird durch den Artikel angezeigt: **der/ein (Maskulinum/männlich)**, **die/eine (Femininum/weiblich)** und **das/ein (Neutrum/sächlich)**.

Manche Substantive haben zwei unterschiedliche Genera; das heißt, sie können mit verschiedenen Artikeln vorkommen. Mit dem Genuswechsel ändert sich meistens auch die Bedeutung eines Wortes.

Beispiele:

das *Tau* (dickes Seil)	der *See* (stehendes Gewässer)
der *Tau* (leichter Niederschlag)	die *See* (Ozean, Meer)

Übungen

1. Schreibe alle Substantive aus dem Eingangstext in die Tabelle! Setze sie jeweils in den Singular.

der	die	das
______	______	______
______	______	______
______	______	______
______	______	______
______	______	______

2. Bei manchen Substantiven hängt der Artikel von der Bedeutung ab, z. B. *Steuer, Leiter, Tau, Kiefer*.

Finde für jede Bedeutungsvariante einen kurzen Satz!

Steuer: **1.** ______________________

2. ______________________

Leiter: **1.** ______________________

2. ______________________

Tau: **1.** ______________________

2. ______________________

Kiefer: **1.** ______________________

2. ______________________

Übungen

3. Bei Fremdwörtern ist es besonders schwierig, Geschlecht und Artikel herauszufinden. Schreibe die folgenden Substantive mit dem bestimmten Artikel auf ein Blatt Papier. Wenn du unsicher bist, darfst du im Wörterbuch nachschlagen.

Apparat, Camping, CD, Chance, Charakter, Computer, Diskette, Idee, Kassette, Klavier, Material, Programm, Prospekt, Radio, Rhythmus

TIPP Im Wörterbuch ist zu jedem Substantiv auch der Artikel angegeben, z. B.: Gesicht, das: des Gesicht(e)s, die Gesichter.

4. Nun messen und wiegen wir! Auch bei diesen Substantiven ist es nicht ganz leicht, das passende Geschlecht zu erkennen!

Meter, Liter, Seemeile, Milligramm, Zentner, Kubikmeter, Gramm, Hektoliter, Kilogramm, Zentimeter, Hektar, Dezimeter, Kilometer, Millimeter, Quadratmeter

Ordne die Wörter der richtigen Gruppe von Maßangaben zu und füge den entsprechenden Artikel hinzu!

Längenmaße: *der Meter,* ______________________________

____

Flächenmaße: ______________________________

____

Hohlmaße: ______________________________

____

Gewichte: ______________________________

____

Lösungen

1. **der:** Tag, Traum, Morgen, Sand
die: Höhle, Hängematte, Fledermaus, Angst
das: Monster, Meer, Leben, Kind, Auge

2. **Mögliche Lösung:**

Steuer: 1. Er riss das Steuer des Autos herum.
2. Die Regierung hat eine neue Steuer eingeführt (die Steuer).

Leiter: 1. Die Leiter ist hoch.
2. Der Leiter der Gruppe erklärte den Weg.

Tau: 1. Der Tau auf dem Gras erfrischt die Beine.
2. Die starken Männer ziehen am (an dem) Tau (das Tau).

Kiefer: 1. Bei einem Kampf ist der Kiefer gebrochen.
2. Die Kiefer ist ein Nadelbaum.

3. der Apparat, das Camping, die CD, die Chance, der Charakter, der Computer, die Diskette, die Idee, die Kassette, das Klavier, das Material, das Programm, der Prospekt, das Radio, der Rhythmus

4. **Längenmaße:** der Meter, die Seemeile, der Zentimeter, der Dezimeter, der Kilometer, der Millimeter
Flächenmaße: der/das Hektar, der Quadratmeter
Hohlmaße: der Liter, der Kubikmeter, der Hektoliter
Gewichte: das Milligramm, der Zentner, das Gramm, das Kilogramm

Singular und Plural bei Substantiven

In diesem Kapitel lernst du die Unterscheidung zwischen Singular und Plural beim Substantiv kennen.

→ **REGEL**
Substantive können im **Singular** (Einzahl) und im **Plural** (Mehrzahl) vorkommen.

Beispiele: der Mann – die Männer
die Glocke – die Glocken

→ **REGEL**
Einige Substantive können **nur im Singular** verwendet werden. Um in ihrem Fall den **Plural** ausdrücken zu können, muss man sie **mit** einem **anderen Wort verbinden**.

Beispiele: das Vieh (Singular) – die Viehherde (Plural)
der Käse (Singular) – die Käsesorten (Plural)

TIPP Wenn du unsicher bist, ob man ein Wort wie *Wände* mit *ä* schreibt, dann bilde die Singularform:
die Wände ←— die Wand
Diese Lösungshilfe gilt auch für Wörter mit *äu*:
die Träume ←— der Traum

→ **REGEL**
Manche Substantive können hingegen **nur im Plural** verwendet werden.

Beispiel: Leute (Plural)

→ **REGEL**
Es gibt Substantive, die **ungewöhnliche Pluralformen** bilden.

Beispiele: das Album – die Alben, der Kaktus – die Kakteen, der Atlas – die Atlanten.

Übungen

1. Plötzlich riss die Kette und sie machten an einem Fluss halt.

a) Unterstreiche die Substantive in dem obigen Satz!
b) Setze die Substantive in die Mehrzahl! Vergiss den Artikel nicht!

____________________ ____________________

2. Schreibe alle Substantive des folgenden Textes mit Artikel in der Singular- und in der Pluralform auf! Führe die Tabelle auf einem Extrablatt fort.

Das kleine Monster
Neugierig eilte das kleine Monster zum Höhleneingang hinaus. Es schlich sich ganz nahe an die Kinder heran. Es waren zwei Jungen und ein Mädchen. Das kleine Monster versteckte sich hinter einem Felsen und beobachtete die drei. Die Kinder bauten eine große Sandburg und sammelten Muscheln und bunte Steine, um die Burg damit zu schmücken. Ach wie sehr wünschte sich das kleine Monster mitspielen zu können. Plötzlich spürte es ein Kribbeln in der Nase und es musste laut nießen. „Haaatschi", machte das kleine Monster. Erschrocken schauten sich die Kinder an: „Was war das?" fragte das Mädchen.

Singular	Plural
das Monster	*die Monster*

Übungen

3. Bilde zu folgenden Tiernamen die Pluralform!

der Tiger: ______________________

das Reh: ______________________

der Dinosaurier: ______________________

der Frosch: ______________________

das Krokodil: ______________________

das Nashorn: ______________________

der Bär: ______________________

das Ross: ______________________

4. Bilde zu folgenden Substantiven den Plural!

Ball	____________	Glas	____________
Naht	____________	Wand	____________
Zaun	____________	Haus	____________
Bauch	____________	Traum	____________
Apfel	____________	Klassenzimmer	____________
Marienkäfer	____________	Taschentuch	____________

Lösungen

1. a) Kette und Fluss

b) die Ketten, die Flüsse

2. der Höhleneingang – die Höhleneingänge
das Kind – die Kinder
der Junge – die Jungen
das Mädchen – die Mädchen
der Felsen – die Felsen
die Sandburg – die Sandburgen
die Muschel – die Muscheln
der Stein – die Steine
die Burg – die Burgen
das Kribbeln – (Plural nicht möglich)
die Nase – die Nasen

3. die Tiger, die Rehe, die Dinosaurier, die Frösche, die Krokodile, die Nashörner, die Bären, die Rösser

4. Bälle, Nähte, Zäune, Bäuche, Äpfel, Marienkäfer, Gläser, Wände, Häuser, Träume, Klassenzimmer, Taschentücher

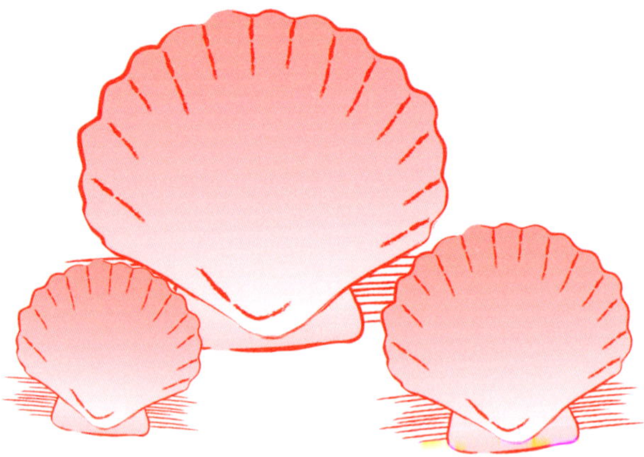

Das Substantiv und seine vier Fälle

In den folgenden beiden Kapiteln beschäftigen wir uns mit den vier Fällen des Substantivs. Sicher verwendest du in der Schule auch schon den grammatischen Fachausdruck für *Fall* – nämlich den lateinischen Begriff *Kasus*.

Lies zunächst den folgenden Text:

Der Mond hat die Menschen immer schon in seinen Bann gezogen.
Bei der Betrachtung des Mondes kann man sogar ein Gesicht erkennen.
Viele Schriftsteller haben einen alten Traum der Menschheit beschrieben:
die Reise auf den Mond.

Das Substantiv *Mond* wird in diesem Text mit unterschiedlichen Artikeln verwendet.

Die folgende Übersicht zeigt dir, wie die Fälle des Substantivs *Mond* bestimmt werden können. Die Fragen helfen dir dabei:

1. Fall: Nominativ (*Wer oder was?*)	⟶	der	Mond
2. Fall: Genitiv (*Wessen?*)	⟶	des	Mondes
3. Fall: Dativ (*Wem?*)	⟶	dem	Mond
4. Fall: Akkusativ (*Wen oder was?*)	⟶	den	Mond

→ REGEL

Substantive können im Satz in **vier verschiedenen Fällen** stehen. Mit den Fragen ***Wer oder was?***, ***Wessen?***, ***Wem?***, ***Wen oder was?*** kannst du den jeweiligen Fall bestimmen.
Nach dem Fall richtet sich sowohl die Form des Artikels als auch die Endung des Substantivs.

TIPP Sehr ungewöhnlich ist übrigens die Pluralbildung bei dem lateinschen Begriff *Kasus*. – Im Plural sagt man auch *Kasus*, allerdings mit einem langen *u*.

Übungen

1. Schreibe das Substantiv *Mond* mit seinen unterschiedlichen Artikelformen im Singular auf und gib dabei an, um welchen Fall es sich jeweils handelt!

____

____

____

2. Jetzt geht es um das Substantiv *Igel*. Beantworte die Fragen und unterstreiche in der Antwort das Wort *Igel* sowie den dazugehörigen Artikel. In welchem Fall steht es jeweils?

Wer baut ein Winternest aus Laub und Gras?

____

Wessen Versteck ist unter dem Holzstoß?

____

Wem macht die Winterkälte nichts aus?

____

Wen haben viele Kinder gern?

____

3. Setze das Substantiv *Hund* im jeweils passenden Fall in die Lücken ein! Vorsicht, nun musst du auch den Plural bilden.

______________ bellt. Vor dem Haus befindet sich die Hütte ______________. Peter sucht ______________. Später gibt er ______________ Futter. Die Nachbarn haben mehrere ______________. Jeden Morgen geben sie ______________ Futter. ______________ freuen sich dann immer sehr.

Übungen

4. Vater machte ein finsteres Gesicht. Er mag keine Schweine. Dennoch gab er dem Ferkel einen freundlichen Klaps. Das Quieken des kleinen Tieres belohnte ihn dafür. Am nächsten Morgen ging er tatsächlich erneut in den Stall, um eine Weile die Ferkel zu beobachten.

Bestimme die Fälle folgender Wörter und Wortgruppen!

ein finsteres Gesicht: ______________________________

Er: ______________________________

dem Ferkel: ______________________________

des kleinen Tieres: ______________________________

den Stall: ______________________________

die Ferkel: ______________________________

5. Lies jeden Satz bis zum Ende und setze das Substantiv im richtigen Fall ein!

Der Ober bringt (der Gast) ______________ einen Teller mit Suppe. Noch bevor er (der Teller) ______________ auf den Tisch stellen kann, sagt der Gast: „Die Suppe ist nicht heiß genug; ich habe eine heiße Suppe bestellt.“ Der Ober nimmt (der Teller) ______________ wieder mit. Nach kurzer Zeit kommt er mit einem neuen Teller in (die Hand) ______________ zurück.
Mit (der Satz) ______________: „Ich habe (der Koch) ______________ gesagt, die Suppe muss besonders heiß sein!“, will er den Teller auf (der Tisch) ______________ stellen. Aber der Gast hebt abwehrend (die Hand) ______________ und sagt: „Die Suppe ist immer noch nicht heiß genug.“

Lösungen

1. Der Mond (Nominativ, 1. Fall)
des Mondes (Genitiv, 2. Fall)
dem Mond (Dativ, 3. Fall)
den Mond (Akkusativ, 4. Fall)

2. Der Igel baut ein Winternest aus Laub und Gras. (Nominativ)
Unter dem Holzstoß ist das Versteck des Igels. (Genitiv)
Dem Igel macht die Winterkälte nichts aus. (Dativ)
Viele Kinder haben den Igel gern. (Akkusativ)

3. Der Hund bellt. Vor dem Haus befindet sich die Hütte des Hundes. Peter sucht den Hund. Später gibt er dem Hund Futter. Die Nachbarn haben mehrere Hunde. Jeden Morgen geben sie den Hunden Futter. Die Hunde freuen sich dann immer sehr.

Das eingesetzte Substantiv *Hund* steht in folgenden Fällen: Nom. Sg.; Gen. Sg.; Akk. Sg.; Dat. Sg.; Akk. Pl.; Dat. Pl.; Nom. Pl.

4. ein finsteres Gesicht: 4. Fall (Akkusativ)
Er: 1. Fall (Nominativ)
dem Ferkel: 3. Fall (Dativ)
des kleinen Tieres: 2. Fall (Genitiv)
den Stall: 4. Fall (Akkusativ)
die Ferkel: 4. Fall (Akkusativ)

5. dem Gast, den Teller, den Teller, der Hand, dem Satz, dem Koch, den Tisch, die Hand

Das Substantiv im Dativ und im Akkusativ

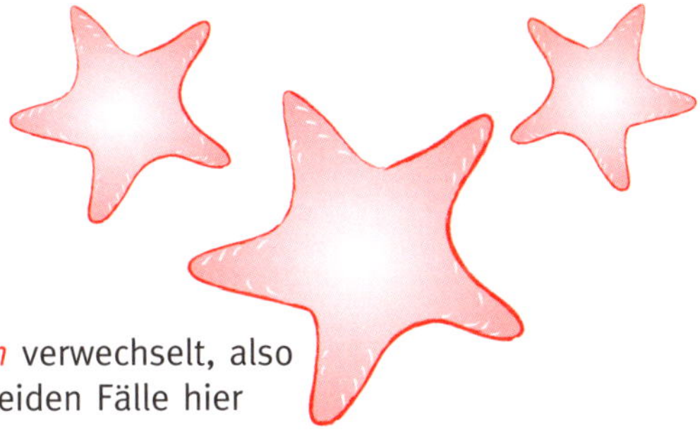

Häufig wird *dem* mit *den* und *einem* mit *einen* verwechselt, also der Dativ mit dem Akkusativ, weshalb diese beiden Fälle hier nochmals gesondert behandelt werden.

→ REGEL

Auf die Frage ***Wem?*** steht der **3. Fall (Dativ)**

Er hilft dem Opa (einem Opa)
Wem hilft er?
→ *dem (einem) Opa*

Auf die Frage ***Wen oder was?*** steht der **4. Fall (Akkusativ)**

Sie sieht den Opa (einen Opa).
Wen oder was sieht sie?
→ *den (einen) Opa*

Unterstreiche in den folgenden Sätzen den Dativ gelb bzw. den Akkusativ blau!

Der Jäger schoss einen Hasen.
Ich lerne ein Gedicht.
Sie öffnete das Fenster.
Meine Freunde begleiteten mich.
Die Oma sieht ihren Enkel nur selten.
Er gibt seinem Hund frisches Wasser.

* Die Lösung findest du auf Seite 26.

→ REGEL

Manchmal kann der **Dativ** oder der **Akkusativ** auch **am Satzanfang** stehen, dann wird die jeweilige Aussage besonders betont.

Beispiele: Dieses Kleid kaufe ich. (Akkusativ)
Diesem Mann bin ich schon einmal begegnet. (Dativ)

Übungen

1. Setze das Substantiv *Pferd* in den Plural und schreibe es in den vier Fällen auf!

1. Fall: ______________________________

2. Fall: ______________________________

3. Fall: ______________________________

4. Fall: ______________________________

2. Setze in den folgenden Sätzen das Substantiv in der Klammer im richtigen Fall ein und bestimme ihn!

a) Die beiden Männer tragen den alten Schrank auf ______________ / ______________ (der Dachboden).

b) Auf ______________ / ______________ (der Dachboden) steht bereits eine Couch.

c) Die Mutter stellt ______________ / ______________ (der Kinderwagen) in ______________ / ______________ (der Hausflur).

d) Marion hat ihr Fahrrad bereits in ______________ / ______________ (der Hausflur) abgestellt.

e) Daniela macht in ______________ / ______________ (ein malerisches Tal) Urlaub.

f) Ralf liegt in ______________ / ______________ (sein Zimmer) und schläft.

Übungen

3. Bestimme die Fälle und schreibe den Namen des Falls in die Klammern!

Endlich fand er (____________________) die Höhle des Fuchses (____________________). Er betrat sie (____________________). Aber plötzlich war all sein Mut (____________________) verschwunden. Dem armen Maulwurf (____________________) war ganz mulmig zumute.

4. Setze das Substantiv im richtigen Fall ein!

a) Bei schönem Wetter geht die Klasse auf ____________________ / __________ (der Sportplatz).

b) Von dem Turm aus kann man gut auf ____________________ / ______________ (der weite See) blicken.

c) Auf ____________________ / ______________ (die Mauer) sonnt sich eine Eidechse.

d) Mutter bringt aus der Stadt ____________________ / ______________ (die Geschenke) mit.

e) Marion erzählt ____________________ / ______________ (die Freunde) eine spannende Geschichte.

f) Der Präsident übergibt ____________________ / ______________ (der Sportler) eine Urkunde.

Lösungen

*

einen Hasen (Akkusativ); ein Gedicht (Akkusativ); das Fenster (Akkusativ); mich (Akkusativ); ihren Enkel (Akkusativ); seinem Hund (Dativ); frisches Wasser (Akkusativ)

1. 1. Fall: die Pferde
2. Fall: der Pferde
3. Fall: den Pferden
4. Fall: die Pferde

2. a) den Dachboden / Akk. Sg.
b) dem Dachboden / Dat. Sg.
c) den Kinderwagen / Akk. Sg.; den Hausflur / Akk. Sg.
d) in dem Hausflur / Dat. Sg.
e) in einem malerischen Tal / Dat. Sg.
f) in seinem Zimmer / Dat. Sg.

3. 1. Fall (Nominativ)
2. Fall (Genitiv)
4. Fall (Akkusativ)
1. Fall (Nominativ)
3. Fall (Dativ)

4. a) den Sportplatz / Akk. Sg.
b) den weiten See / Akk. Sg.
c) der Mauer / Dat. Sg.
d) die Geschenke / Akk. Sg.
e) den Freunden / Dat. Pl.
f) dem Sportler / Dat. Sg.

Die Bildung von Substantiven

Es gibt mehrere Möglichkeiten, Substantive zu bilden. Die häufigsten Arten sind im Deutschen die Ableitung und die Komposition.

Bei der Ableitung bildet man durch das Anhängen einer Endung („Nachsilbe“ oder „Suffix“ genannt) an einen Wortstamm ein Substantiv.

Beispiele: Krank-heit, Geheim-nis, Einsam-keit, Prüf-ung, Bereit-schaft

TIPP In der Regel kannst du an der Endung des Substantivs auch sein Geschlecht erkennen.
So sind z. B. Substantive auf *-er* meist Maskulina (*der Lehrer, der Kugelschreiber*), Substantive auf *-heit* Feminina (*die Kindheit, die Freiheit*) und Substantive auf *-chen* Neutra (*das Häuschen, das Schweinchen*).

Bei der Komposition wird aus mehreren Wörtern ein zusammengesetztes Substantiv – das Kompositum.

Beispiele: der Hunde-knochen, der Koch-topf, der Brief-träger, das Warte-zimmer

→ REGEL
Der erste Bestandteil eines Kompositums heißt **Bestimmungswort**, der letzte ist immer das **Grundwort**, nach dem sich auch das grammatische Geschlecht des Kompositums richtet.

Beispiel: der Briefträger:
der Brief (Bestimmungswort) + der Träger (Grundwort)

TIPP Achte darauf, dass du beim Aufeinandertreffen von drei Vokalen alle Vokale schreiben musst: *die Schifffahrt, der Seeelefant.*

Übungen

1. Finde die richtige Endung der Substantive!

Gesund- ______________
Erlaub- ______________
Gerechtig- ______________
Dumm- ______________
Wohn- ______________
Ehrlich- ______________
Bereit- ______________
Kätz- ______________
Reich- ______________
Finster- ______________

2. Fallen dir Wörter mit den folgenden Endungen ein? Ergänze die Tabelle!

-heit	-keit	-nis	-schaft	-ung

3. Schreibe jeweils die verwandten Wörter nebeneinander!

Händler	backen	Brauerei
Betreuer	handeln	Gefängnis
Brauer	siedeln	Bäckerei
Gefangener	betreuen	Schneiderei
Schneider	fangen	Siedlung
Siedler	schneiden	Handlung
Bäcker	brauen	Betreuung

____

____

Übungen

4.

Setze die Substantive zusammen und ergänze den bestimmten Artikel!

Garten + Zaun

Regen + Jacke

Reise + Führer

Eis + Becher

Blumen + Vase

Früchte + Tee

Salat + Schüssel

5.

Bilde mit den folgenden Substantiven möglichst viele Komposita! Du kannst das vorgegebene Substantiv sowohl als Bestimmungswort als auch als Grundwort verwenden.

a) Tasche(n):

b) Karte(n):

c) Bücher:

d) Schuh(e):

Lösungen

1. Gesundheit, Ehrlichkeit, Erlaubnis, Bereitschaft, Gerechtigkeit, Kätzchen, Dummheit, Reichtum, Wohnung, Finsternis

2. **-heit:** Vergangenheit, Kindheit, Krankheit, Gesundheit, Schüchternheit, Blödheit, Menschheit, Schönheit, Wahrheit ...
-keit: Kleinigkeit, Aufmerksamkeit, Traurigkeit, Freundlichkeit, Dankbarkeit, Flüssigkeit ...
-nis: Gedächtnis, Ärgernis, Erlebnis, Hindernis, Begräbnis, Erkenntnis, Gefängnis, Geständnis ...
-schaft: Hilfsbereitschaft, Freundschaft, Erbschaft, Herrschaft, Verwandtschaft, Feindschaft ...
-ung: Verteidigung, Empfehlung, Hoffnung, Werbung, Reinigung, Bildung, Sammlung, Zeitung, Siedlung ...

3. Händler – handeln – Handlung
Betreuer – betreuen – Betreuung
Brauer – brauen – Brauerei
Gefangener – fangen – Gefängnis
Schneider – schneiden – Schneiderei
Siedler – siedeln – Siedlung
Bäcker – backen – Bäckerei

4. der Gartenzaun, die Regenjacke, der Reiseführer, der Eisbecher, die Blumenvase, der Früchtetee, die Salatschüssel

5. a) Taschenmesser, Taschenuhr, Taschengeld, Hosentaschen, Handtasche, Sporttasche, Reisetasche, Brieftasche ...
b) Kartenhaus, Kartenspiel, Postkarte, Spielkarte, Landkarte, Glückwunschkarte ...
c) Bücherwurm, Bücherregal, Bücherladen, Büchersendung, Taschenbücher, Schulbücher, Kochbücher, Kinderbücher ...
d) Schuhschrank, Schuhregal, Schuhgeschäft, Schuhlöffel, Winterschuhe, Sportschuh, Skischuh ...

Pronomen, Adverbien und Präpositionen

Pronomen („Fürwörter“) sind Stellvertreter des Nomens/Substantivs, sie stehen also im Satz an Stelle eines Nomens.

Man unterscheidet folgende Pronomen:

Personalpronomen („persönliches Fürwort“),
Possessivpronomen („besitzanzeigendes Fürwort“),
Demonstrativpronomen („hinweisendes Fürwort“),
Reflexivpronomen („rückbezügliches Fürwort“),
Relativpronomen („bezügliches Fürwort“),
Interrogativpronomen („Fragefürwort“) und
Indefinitpronomen („unbestimmtes Fürwort“).

Adverbien beschreiben die Umstände einer Handlung/Situation näher.

Mit diesen Fragen kannst du Adverbien unterscheiden:
- *Wo?/Wohin?/Woher?*: **Lokaladverbien**
- *Wann?/Wie lang?/Wie oft?*: **Temporaladverbien**
- *Wie?/Auf welche Weise?*: **Modaladverbien**
- *Wieso?/Weshalb?/Wodurch?/Wozu?*: **Kausaladverbien**

Präpositionen bezeichnen Verhältnisse zwischen Personen, Dingen und Situationen. Sie drücken kausale (Grund), lokale (Ort), modale (Art und Weise) und temporale (Zeit) Verhältnisse aus.

kausale Präpositionen:	***aufgrund*** *des Wetters,* ***anlässlich*** *der Feier,* ***trotz*** *des starken Windes*
lokale Präpositionen:	***bei*** *Frankfurt,* **unter** *dem Tisch,* ***in*** *die Schule,* ***zwischen*** *zwei Tälern*
modale Präpositionen:	***auf*** *Deutsch,* ***zuzüglich*** *Versandkosten,* ***mit*** *Liebe,* ***aus*** *Plastik*
temporale Präpositionen:	***ab*** *Freitag,* ***während*** *der Ferien,* ***bis*** *morgen,* ***in*** *zwei Stunden*

Übungen

1. Ersetze die unterstrichenen Substantive mit Begleiter durch das entsprechende Personalpronomen!

a) Sonja hilft ihrer Oma. ______________________________

b) Das Laufen macht Paul Spaß. ______________________________

c) Eva und Florian gehen mit ihrem Vater einkaufen.

____

d) Hans muss seine Strafe akzeptieren.

____

TIPP Um im Aufsatz Wortwiederholungen zu vermeiden, solltest du Substantive/Nomen, die in deinem Text öfter vorkommen, durch ein Pronomen ersetzen.

2. Setze das passende Possessivpronomen ein!

a) Unser Auto ist kaputt. Eures auch? – Nein, __________ funktioniert noch.

b) Mein Hund ist krank. Ist dein Hund auch krank? – Nein, __________ ist gesund.

c) Der neue Freund meiner Schwester ist sehr nett. Der deiner Schwester auch? – Ja, __________ auch.

3. Welches der Wörter ist kein …

a) Lokaladverb: rechts, hier, bisher, draußen ______________

b) Temporaladverb: selten, leider, später, heute ______________

c) Modaladverb: womit, vielleicht, gern, umsonst ______________

d) Kausaladverb: deshalb, hiermit, nämlich, überall ______________

Übungen

4. Setze jeweils das passende Adverb ein!

trotzdem – sehr – links – später – überall – oft

a Heute haben wir ________________ Schule.

b) An der Ampel müssen wir ________________ abbiegen.

c) Ich habe den Schlüssel ________________ gesucht.

d) Papa hat sich ________________ über den Besuch gefreut.

e) Ich würde ________________ keinen anderen Beruf wählen.

f) In den Ferien besuche ich meine Oma ________________.

5. Setze die passende Präposition ein!

a) Ich würde alles ________ dich tun.

b) ________ nach München sind es noch 150 km.

c) ________ den Ferien haben die Schüler schulfrei.

d) Sie fuhr mit hoher Geschwindigkeit ________ eine Mauer.

e) Die Preise wurden ________ 50% reduziert.

6. Welche Präposition gibt keine Auskunft über ...

a) den Ort: oberhalb, trotz, in, bei ________________

b) die Art und Weise: während, ausschließlich, abzüglich, statt ________________

c) die Begründung: anlässlich, trotz, wegen, gegenüber ________________

d) die Zeit: seit, binnen, betreffs, zwischen ________________

Lösungen

1. a) Sie hilft ihr.
b) Es macht ihm Spaß.
c) Sie gehen mit ihm einkaufen.
d) Er muss sie akzeptieren.

2. a) unseres
b) meiner
c) ihrer

3. a) bisher
b) leider
c) womit
d) überall

4. a) später
b) links
c) überall
d) sehr
e) trotzdem
f) oft

5. a) für
b) bis
c) in
d) gegen
e) um

6. a) trotz
b) während
c) gegenüber
d) betreffs

Das Adjektiv – allgemein

In diesem Kapitel lernst du zunächst einmal die wesentlichen Merkmale der Wortart Adjektiv kennen, bevor du auf den darauffolgenden Seiten noch etwas tiefer in das Thema einsteigen kannst. Du kennst das Adjektiv vermutlich schon unter einer anderen Bezeichnung aus deiner Grundschulzeit – nämlich als Wiewort oder Eigenschaftswort.

→ REGEL
Adjektive beschreiben die **Eigenschaften** von Personen oder die **Merkmale** von Gegenständen, Umständen oder Sachverhalten. Man schreibt sie immer **klein**.

Beispiele:

das schöne Buch → Das Buch ist schön.
der alte Mann → Der Mann ist alt.
die nette Frau → Die Frau ist nett.

TIPP Durch die Verwendung von Adjektiven wird ein Text anschaulich und farbig. Versuche es doch einfach mal, wenn du deine nächste Erlebniserzählung schreibst.

→ REGEL
Wie du weist, schreibt man Adjektive in der Regel klein. Wenn sie aber **als Substantive** verwendet werden, muss man sie **großschreiben**. In diesem Fall haben sie fast immer einen Artikel oder ein anderes Begleitwort bei sich: z. B. *der*, *die*, *das*, *etwas*, *viel*, *nichts*, ...

Beispiele:

Es gibt *etwas* Neues!
Du bist *der* Größte!
Er ist einfach *der* Beste!
Es gibt einfach *nichts* Schöneres!

Übungen

1. In diesem Rätsel sind sechs Adjektive versteckt! Unterstreiche sie und löse das Rätsel!

Es ist ein langer, dünner Kerl. Aber er ist nur so groß wie ein Daumen. Oben hat es einen runden Kopf. Unten steckt es auf einem spitzen Fuß. Wenn es mich in die Finger sticht, kommt ein kleiner Tropfen Blut heraus.

Was ist das? ______________________________

2. Suche zu jedem der Wörter zwei passende Adjektive und schreibe sie auf!

Erdbeere: ______________________________

Clown: ______________________________

Schokolade: ______________________________

Baby: ______________________________

Gespensterfilm: ______________________________

Rennwagen: ______________________________

Speiseeis: ______________________________

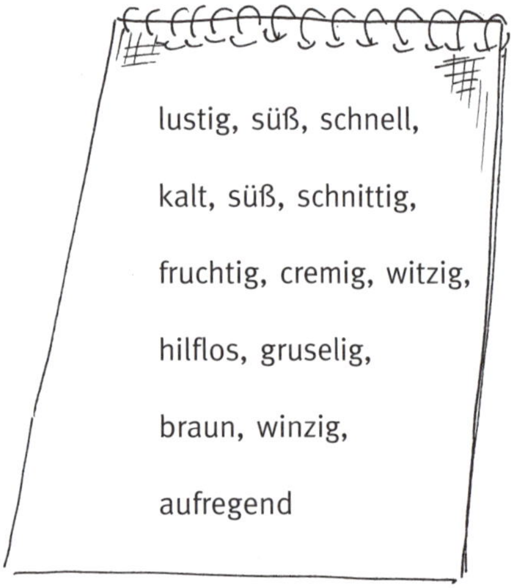

3. Ergänze die Sätze!

Ruhe!	Seid doch	______________!
Ich habe Hunger.	Ich bin	______________.
Wir haben Durst.	Wir sind	______________.

Übungen

Er hat viel Kraft. Er ist ____________________.

Unser Lehrer hat Geduld. Er ist ____________________.

Der Rennfahrer braucht Mut. Er ist ____________________.

4. Diese Personen kennst du aus verschiedenen Märchen:
Hänsel, Gretel, Hexe, Schneewittchen, Königin, Zwerge, Prinz.
Das sind die passenden Adjektive:
schön, böse, schlau, glücklich, schüchtern, klein, schrecklich.

Ordne jeder Person ein treffendes Adjektiv zu!

Die schreckliche Hexe, ____

____

____

____

____

5. Marion bringt immer alles durcheinander. Sie kauft: saftige Eier, magere Birnen usw. Kannst du ihr helfen? Trage die Zahlen der Substantive in die richtigen „Adjektiv-Kästchen“ ein.

☐ saftig	5. Weintrauben	3. Eier	☐ heiß
☐ mager	8. Kartoffeln	1. Birnen	☐ süß
☐ groß	6. Würstchen	2. Fleisch	☐ neu
☐ reif	7. Orangen	9. Brötchen	☐ knusprig
☐ kernlos	4. Bananen		

Lösungen

1. langer, dünner, groß, runden, spitzen, kleiner
Lösung: eine Stecknadel.

2.

Erdbeere:	süß, fruchtig
Clown:	lustig, witzig
Schokolade:	braun, süß
Baby:	winzig, hilflos
Gespensterfilm:	aufregend, gruselig
Rennwagen:	schnittig, schnell
Speiseeis:	kalt, cremig

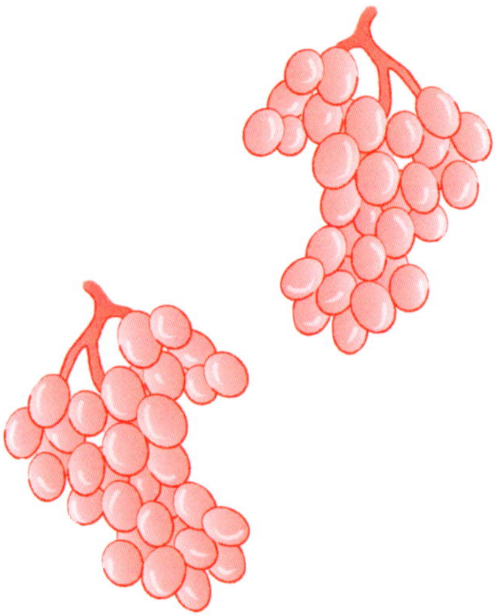

3.
- Seid doch ruhig!
- Ich bin hungrig.
- Wir sind durstig.
- Er ist kräftig.
- Er ist geduldig.
- Er ist mutig.

4. **Mögliche Lösungen:**
der schlaue Hänsel, die schüchterne Gretel, das schöne Schneewittchen, die böse Königin, die kleinen Zwerge, der glückliche Prinz

5. saftig – Birnen, mager – Fleisch, groß – Eier,
reif – Bananen, kernlos – Weintrauben,
heiß – Würstchen, süß – Orangen,
neu – Kartoffeln, knusprig – Brötchen

Adjektive kann man steigern

Mit Adjektiven kann man übertreiben. An den unterstrichenen Adjektiven kannst du dies erkennen.

Willi behauptet, der geschickteste und gewandteste Fußballspieler seiner Klasse zu sein. Er meint, dass er die schönsten Tore schießt. Er prahlt damit, schneller und ausdauernder zu sein als alle anderen. Er bildet sich ein, der großartigste und gefährlichste Stürmer der Mannschaft zu sein.
So ein Angeber!

→ REGEL
Die meisten **Adjektive** lassen sich **steigern**. Man kann daher mit Adjektiven **Vergleiche** anstellen.
Es gibt drei *Vergleichsstufen*:
Grundstufe (Positiv): *mutig*
Höherstufe (Komparativ): *mutiger*
Höchststufe (Superlativ): *am mutigsten*

Beispiele: Der Hund Struppi ist zehn Jahre alt.
Struppi ist älter als Fipsi.
Struppi ist der älteste Hund im ganzen Zwinger.

TIPP Nicht alle Steigerungsformen sind regelmäßig.

Beispiele: gut – besser – am besten
viel – mehr – am meisten
gern – lieber – am liebsten

TIPP Manche Adjektive lassen sich wegen ihrer Bedeutung auch gar nicht steigern. Vielfach handelt es sich um Materialbezeichnungen (hölzern) und Herkunftsbezeichnungen (italienisch); es gibt aber auch einige andere unsteigerbare Adjektive.

Beispiele: tot, einzig, doppelt, fertig usw.

Übungen

1. Markiere die Endungen aller Adjektive aus dem Eingangstext mit Farbe und gib im Folgenden deren Grundform an!

____

____

____

____

____

2. Steigere die folgenden Adjektive!

klein: ______________________________

alt: ______________________________

schön: ______________________________

nett: ______________________________

lang: ______________________________

3. Verwende die Höchststufe (Superlativ) des in Klammern angegebenen Adjektivs!

Mein Bruder hat das ______________ (alt) Auto.

Mein Onkel kennt die ______________ (lustig) Witze.

Ich habe die ______________ (klug) Schwester.

Ich kenne die ______________ (gut) Geschichten.

Übungen

4. Bei welchen der folgenden Adjektive ist eine Steigerung nicht sinnvoll? Kreise sie ein und bilde von den übrigen den Komparativ!

lieb, tot, stürmisch, glatt, schwarz, mündlich, italienisch, dumm, fern, sechseckig, einsam

____

____

____

5. Fülle die Lücken!

Positiv	**Komparativ**	**Superlativ**
____________	kälter	____________
____________	____________	am längsten
____________	____________	am höchsten
alt	____________	____________
____________	lustiger	____________
fröhlich	____________	____________

6. Setze in die Lücken die passende Steigerungsform ein!
a) Höherstufe (Komparativ); b) Höchststufe (Superlativ)

Die lustigen Schüler haben viel Spaß beim Schulfest.

a) Die ____________ Schüler haben ____________ Spaß beim Schulfest.

b) Die ____________ Schüler haben ____________ Spaß beim Schulfest.

Lösungen

1. geschickteste (geschickt), gewandteste (gewandt), saubersten (sauber), schneller (schnell), ausdauernder (ausdauernd), großartigste (großartig), gefährlichste (gefährlich)

2. kleiner, am kleinsten
älter, am ältesten
schöner, am schönsten
netter, am nettesten
länger, am längsten

3. älteste, lustigsten, klügste, besten

4. nicht zu steigern: tot, schwarz, mündlich, italienisch, sechseckig
Komparativ: lieber, stürmischer, glatter, dümmer, ferner, einsamer

5.

kalt	kälter	am kältesten
lang	länger	am längsten
hoch	höher	am höchsten
alt	älter	am ältesten
lustig	lustiger	am lustigsten
fröhlich	fröhlicher	am fröhlichsten

6. a) Die lustigeren Schüler haben mehr Spaß beim Schulfest.
b) Die lustigsten Schüler haben am meisten Spaß beim Schulfest.

Adjektive helfen vergleichen

In diesem Kapitel werden wir nochmals Menschen, Tiere, Pflanzen und Dinge vergleichen. Du wirst dabei zwei unterschiedliche Vergleichswörter kennenlernen. Doch zuerst musst du ein Rätsel lösen! Welches Tier ist gemeint?

Es ist kleiner als ein Elefant, aber größer als eine Maus. Sein Fell ist weich wie Samt, aber seine Krallen sind wie spitze Nadeln. Er hört schlechter als ein Hund, sieht aber besser als dieser. Er schnurrt wie eine Katze, schmeichelt wie eine Katze, ist aber keine Katze.

Es ist  ______________________________.

* Die Lösung findest du auf Seite 46.

➔ REGEL
Wenn man **gleiche Dinge** miteinander vergleicht, benutzt man das Vergleichswort ***wie***.

➔ REGEL
Wenn man **unterschiedliche Dinge** miteinander vergleicht, verwendet man das Vergleichswort ***als***. Das Adjektiv steht dann immer im Komparativ.

Beispiele:

a) Vergleich ohne Unterscheidung:

Pit ist mit seinem Fahrrad genauso schnell **wie** mit den Inline-skates.

b) Vergleich mit Unterscheidung:

Die kleine Katja hat lustigere und buntere Comics **als** ihre ältere Schwester.

Übungen

1. Unterstreiche bei dem Rätsel im Eingangstext die Vergleichswörter!

2. Setze die fehlenden Wörter ein!

Mein Vater ist so stark ________________ ein Bär.

Er ist so mutig ________________ ein Löwe.

Ursula ist frecher ________________ Petra.

Mein Onkel ist so reich ________________ ein König.

Anja ist sportlicher ________________ Simone.

Heidi ist lustiger ________________ Sandra.

Molli, mein Hund, ist so schnell ________________ ein Gepard.

Robert ist fleißiger ________________ Peter.

3. Bilde Vergleiche!

Der Fußgänger – langsam – der Radfahrer
Der Fußgänger ist langsamer als der Radfahrer.

Das Flugzeug – schnell – der Hubschrauber

____

Deutschland – klein – Vereinigte Staaten

____

In der Nacht – dunkel – in der Geisterbahn

____

Mein Buch – spannend – dieser alte Film

____

Übungen

4. Ergänze richtig!

weicher ______________ Samt

reicher ______________ ein König

zäh ______________ Leder

länger ______________ ein Tag

schnell ______________ der Wind

bleich ______________ die Wand

kälter ______________ Eis

arm ______________ eine Kirchenmaus

5. Ergänze das Eigenschaftswort *klein* in der richtigen Form!

Drei Zwerge streiten sich, wessen Vater ______________ ist. Sagt der Erste: „Mein Vater ist so ______________, dass er aufrecht und mit Hut unter einem Tisch durchgehen kann.“ Entgegnet der Zweite: „Mein Vater ist noch viel ______________. Wenn er in einen Eimer voll Wasser steigt, reicht ihm das Wasser bis zum Kinn.“ Da freut sich der Dritte: „Mein Vater ist ______________. Er ist beim Erdbeerpflücken von der Leiter gefallen!“

Lösungen

* Es ist ein Kater.

1. als, als, wie, wie, als, als, wie, wie

2. wie, wie, als, wie, als, als, wie, als

3. Das Flugzeug ist schneller als der Hubschrauber.
Deutschland ist kleiner als die Vereinigten Staaten.
In der Nacht ist es dunkler als in der Geisterbahn.
Mein Buch ist spannender als dieser alte Film.

4. weicher als Samt
reicher als ein König
zäh wie Leder
länger als ein Tag
schnell wie der Wind
bleich wie die Wand
kälter als Eis
arm wie eine Kirchenmaus

5. am kleinsten, klein, kleiner, am kleinsten

Die Bildung der Adjektive mit Nachsilben

Nun erfährst du etwas über die Wortbildung mit Nachsilben beim Adjektiv.

➔ REGEL
Adjektive können auch von anderen Wortarten **abgeleitet** werden.

Beispiele:
Ableitung vom Substantiv: *Sonne – sonn**ig***
Ableitung vom Verb: *folgen – folg**sam***

➔ REGEL
Es gibt verschiedene Arten von Adjektiven:

a) **einfache Adjektive:** z. B. *gut, schön, brav*
b) **abgeleitete Adjektive mit Vor- und Nachsilben:** z. B. *mühsam, herrlich, lustig*
c) **zusammengesetzte Adjektive:** z. B. *bärenstark, spiegelglatt.*

Mit der Vorsilbe *un-* kann man bei einigen Adjektiven das Gegenteil ausdrücken.

Beispiele:

empfindlich ⟶ *un*empfindlich

deutlich ⟶ *un*deutlich

wirklich ⟶ *un*wirklich

ehrlich ⟶ *un*ehrlich

gesetzlich ⟶ *un*gesetzlich

gefährlich ⟶ *un*gefährlich

Übungen

1. Bilde sinnvolle Adjektive. Beachte die Kleinschreibung!

Gefahr		______________
Herz		______________
Freude		______________
Neid		______________
Glück	**-lich**	______________
Sorge	**-isch**	______________
Sonne	**-ig**	______________
Sturm	**-los**	______________
Genuss	**-sam**	______________
Trauer		______________
Spaß		______________
Angst		______________
Laune		______________
Gebirge		______________

2. Leite aus folgenden Substantiven Adjektive ab!

Fleiß: ______________

Furcht: ______________

Hass: ______________

Arbeit: ______________

Übungen

Erde: ______________________________

Holz: ______________________________

Sinn: ______________________________

Mühe: ______________________________

Dank: ______________________________

Berg: ______________________________

Regen: ______________________________

3. Bilde Adjektive mit der Nachsilbe *-ig*!

Substantiv	Adjektiv
Ecke	*eckig*
Wolke	
Wurm	
Mut	
Langeweile	
Eis	
Schatten	
Aufwand	
Zug	
Milch	

Lösungen

1. gefährlich, herzlich, freudig/freudlos neidisch/neidlos, glücklich/glücklos, sorglos/sorgsam, sonnig, stürmisch, genüsslich, traurig, spaßig, ängstlich/angstlos, launisch/launig, gebirgig

2. **Mögliche Adjektive:**
fleißig, furchtlos, hässlich, arbeitsam, erdig, holzig, sinnvoll, mühsam, dankbar, bergig, regnerisch

3.

Substantiv	Adjektiv
Ecke	eckig
Wolke	wolkig
Wurm	wurmig
Mut	mutig
Langeweile	langweilig
Eis	eisig
Schatten	schattig
Aufwand	aufwändig
Zug	zugig
Milch	milchig

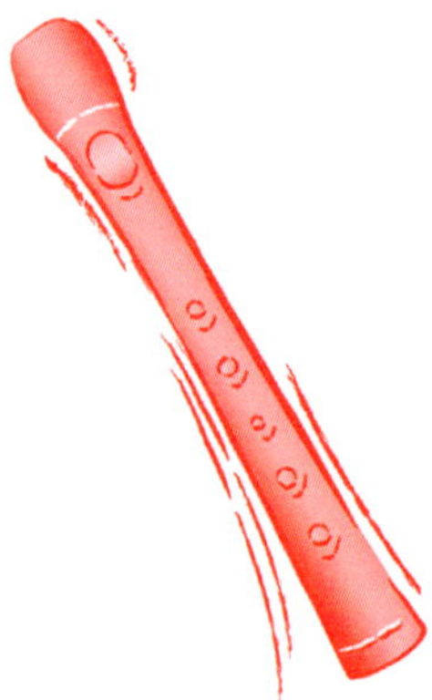

Das Verb: Zeitstufen und Zeitenfolge

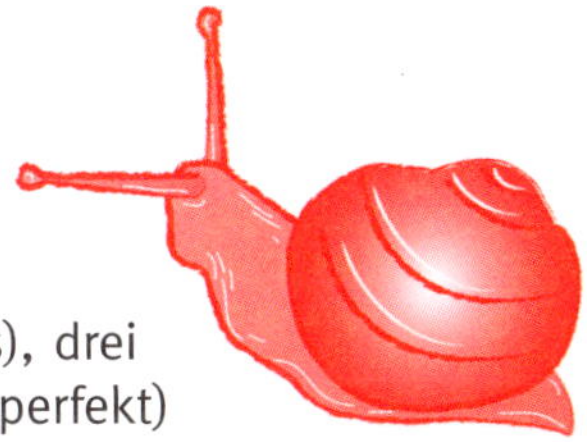

Im Deutschen gibt es eine Zeitstufe der Gegenwart (Präsens), drei Zeitstufen der Vergangenheit (Präteritum, Perfekt, Plusquamperfekt) und zwei Zeitstufen der Zukunft (Futur I, Futur II).

→ REGEL
Das Präteritum wird vor allem im schriftlichen Sprachgebrauch verwendet; wenn man mündlich über etwas Vergangenes berichtet, verwendet man eher das Perfekt.

In Satzgefügen, also Sätzen mit Haupt- und Nebensatz, gibt es drei verschiedene Varianten der Zeitenfolge:

- Gleichzeitigkeit: Das Geschehen in Haupt- und Nebensatz verläuft gleichzeitig, in den Satzteilen wird das gleiche Tempus verwendet.
- Vorzeitigkeit: Das Geschehen des Nebensatzes verläuft zeitlich vor dem Geschehen des Hauptsatzes. Steht der Hauptsatz im Präsens oder Futur I, folgt im Nebensatz das Perfekt. Wenn im Hauptsatz das Präteritum verwendet wird, steht der Nebensatz im Plusquamperfekt.
- Nachzeitigkeit: Das Geschehen des Nebensatzes verläuft zeitlich nach dem Geschehen des Hauptsatzes.

Beispiele:
Während Paul Geschirr spült, hört er gerne Musik. (Gleichzeitigkeit)
Nachdem ich meine Hausaufgaben erledigt habe/hatte, spiele/spielte ich mit Tim. (Vorzeitigkeit)
Wenn ich zu Hause angekommen bin, werde ich meine Hausaufgaben machen (mache ich meine Hausaufgaben). (Vorzeitigkeit)
Ich warte, bis du angekommen bist. (Nachzeitigkeit)

TIPP Bei Nachzeitigkeit können Haupt- und Nebensatz auch in der gleichen Zeit stehen, da die Nachzeitigkeit in der Regel schon durch die Konjunktion *(bevor, bis, ehe)* gekennzeichnet ist: Bevor du nicht mit deinen Hausaufgaben fertig bist, gehst du nicht ins Kino.

Übungen

1. Ergänze die Tabelle!

	laufen	ankommen
Präsens	er	wir
Präteritum	ihr	du
Perfekt	wir	ihr
Plusquamperfekt	du	er
Futur I	ihr	du
Futur II	er	wir

2. Schreibe alle Personen der folgenden Verben im Präteritum Indikativ Aktiv auf!

a) gehen: ______________________________

____

b) werfen: ______________________________

____

c) schreiben: ______________________________

____

3. Schreibe alle Personen des ersten Verbs im Futur II Indikativ Aktiv auf, diejenigen des zweiten Verbs im Plusquamperfekt!

a) lesen: ______________________________

____

____

b) essen: ______________________________

____

____

Übungen

4. Drücke in den folgenden Sätzen die Vorzeitigkeit des Nebensatzes aus, indem du das Verb in die richtige Zeit setzt!

a) Ich denke über den Vorschlag nach, den Tina ______________________________ (machen).

b) Er gab zu, dass er einen Fehler ____ (machen).

c) Er bereute, dass er nicht ____ (kommen).

d) Im Gefängnis wird er genug Zeit haben, darüber nachzudenken, welche schlimme Tat er ____ (begehen).

5. Setze das Verb in der richtigen Zeit ein!

a) Während er den steilen Berg ____________________________________ (hinaufklettern), verzerrte sich sein Gesicht.

b) Du ____________________________________ (warten müssen), bis dein Vater zurück ist.

c) Als ich das Klassenzimmer ______________________ (betreten), war der Lehrer schon da.

d) Sonjas Vater ist immer froh, wenn er nach der Arbeit nach Hause ______________________________ (kommen).

e) Nachdem Bernds Hund seinen Napf ___________________ (leeren), springt er vergnügt durch den Garten.

Lösungen

1.

	laufen	ankommen
Präsens	er läuft	wir kommen an
Präteritum	ihr lieft	du kamst an
Perfekt	wir sind gelaufen	ihr seid angekommen
Plusquamperfekt	du warst gelaufen	er war angekommen
Futur I	ihr werdet laufen	du wirst ankommen
Futur II	er wird gelaufen sein	wir werden angekommen sein

2. a) ich ging, du gingst, er/sie/es ging, wir gingen, ihr gingt, sie gingen
b) ich warf, du warfst, er/sie/es warf, wir warfen, ihr warft, sie warfen
c) ich schrieb, du schriebst, er/sie/es schrieb, wir schrieben, ihr schriebt, sie schrieben

3. a) ich werde gelesen haben, du wirst gelesen haben, er/sie/es wird gelesen haben, wir werden gelesen haben, ihr werdet gelesen haben, sie werden gelesen haben
b) ich hatte gegessen, du hattest gegessen, er/sie/es hatte gegessen, wir hatten gegessen, ihr hattet gegessen, sie hatten gegessen

4. a) gemacht hat b) gemacht hatte c) gekommen war d) gefunden haben werde

5. a) hinaufkletterte b) musst warten c) betrat d) kommt e) geleert hat

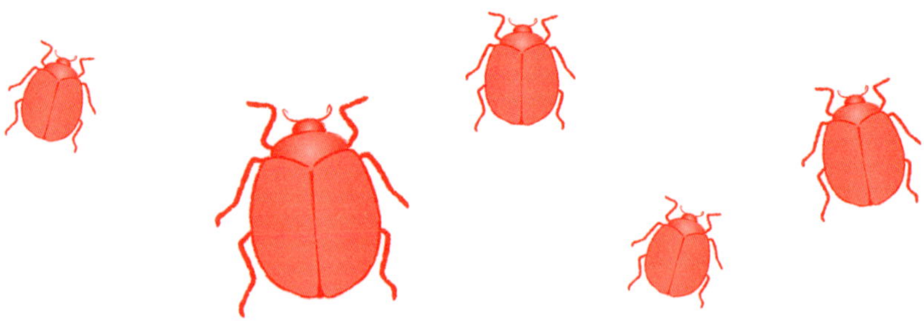

Hilfsverben und Modalverben

Mit den Hilfsverben werden die zusammengesetzten Zeiten gebildet (Perfekt, Plusquamperfekt, Futur). Sie können jedoch auch als selbstständige Verben vorkommen.

➔ REGEL
Zu den Hilfsverben gehören *haben*, *sein* und *werden*.

Beispiele: Max **hat** sich das Bein gebrochen.
Sabine **ist** gestern in den Urlaub geflogen.
Paul **wird** morgen zur Schule gehen.
Lena **hatte** sich lange Zeit um ihre kranke Oma gekümmert.
Bernd **war** vorher ein Jahr im Ausland gewesen.

Mit den Modalverben kann man ausdrücken, wie jemand zu einer Handlung oder einem Zustand steht, z. B. ob jemand etwas machen kann oder will. Auch die Modalverben kommen meist in Verbindung mit einem Vollverb vor.

➔ REGEL
Zu den Modalverben gehören *müssen*, *dürfen*, *können*, *mögen*, *wollen* und *sollen*.

Beispiele: Du **sollst** deine Mutter anrufen.
Wollen wir ins Kino gehen?

TIPP In der gesprochenen Sprache werden Modalverben auch allein verwendet. Was der Sprecher meint, wird dann nur aus dem Kontext verständlich.

Beispiele: Ich will das nicht.
Soll ich wirklich?
Können wir?
Ja, ich will!

Übungen

1. Setze das passende Hilfsverb in der korrekten Form ein!

a) Heute Abend ________________ es regnen.

b) Der Bus ________________ um 18 Uhr angekommen.

c) Er ________________ das nicht gewollt.

d) Ich ________________ Lisa heute nicht gesehen.

e) ________________ ihr auch dieses Jahr nach Italien gefahren?

f) Tom sah ein, dass er einen Fehler gemacht ________________.

2. Kreuze an, ob es sich um ein Hilfsverb oder ein Vollverb handelt.

	Hilfsverb	**Vollverb**
Simon *hat* Hunger.	☐	☐
Herr Meier *ist* hingefallen.	☐	☐
Miriam *ist* die Schwester von Peter.	☐	☐
In Afrika *werden* dringend Ärzte gesucht.	☐	☐
Das *wird* schon wieder!	☐	☐

3. Setze das passende Modalverb ein, um …

a) eine Erlaubnis zu erteilen: Hier ________________ nur Kinder im Alter von 4–7 Jahren spielen.

b) ein Gebot zu formulieren: Du ________________ nicht stehlen.

c) einen Wunsch auszudrücken: Stefan und Hanna ________________ in Hamburg studieren.

d) eine Fähigkeit auszudrücken: Maria ________________ gut Fußball spielen.

Übungen

e) einen Befehl zu erteilen: Robert ______________ um 17 Uhr beim Arzt sein.

f) eine Notwendigkeit auszudrücken: Weil ich meine Hausaufgaben noch nicht gemacht habe, ______________ ich jetzt nach Hause fahren.

4. Setze das passende Hilfs- oder Modalverb ein.

a) In diesem Lokal ______________ man nicht rauchen. Wenn du rauchen ______________, ______________ du vor die Tür gehen.

b) Toms Schwester ______________ letzte Woche umgezogen. Weil Tom ihre neue Wohnung sehen ______________, ______________ er sie morgen besuchen.

c) Nina ______________ sehr gut Spanisch sprechen, sie ______________ ein Jahr in Madrid gelebt.

d) Weil Florian verschlafen ______________, ______________ er sich beeilen.

e) Mein Hausarzt hat gesagt, dass ich mehr Sport treiben ______________.

Lösungen

1. a) Heute Abend wird es regnen.
b) Der Bus ist um 18 Uhr angekommen.
c) Er hat/hatte das nicht gewollt.
d) Ich habe Lisa heute nicht gesehen.
e) Seid ihr auch dieses Jahr nach Italien gefahren?
f) Tom sah ein, dass er einen Fehler gemacht hatte.

2.

	Hilfsverb	Vollverb
Simon *hat* Hunger.	☐	☒
Herr Meier *ist* hingefallen.	☒	☐
Miriam *ist* die Schwester von Peter.	☐	☒
In Afrika *werden* dringend Ärzte gesucht.	☒	☐
Das *wird* schon wieder!	☐	☒

3. a) dürfen b) sollst c) wollen/möchten d) kann e) soll f) muss

4. a) In diesem Lokal darf man nicht rauchen. Wenn du rauchen willst/möchtest, musst du vor die Tür gehen.
b) Toms Schwester ist letzte Woche umgezogen. Weil Tom ihre neue Wohnung sehen will/möchte, wird er sie morgen besuchen.
c) Nina kann sehr gut Spanisch sprechen, sie hat ein Jahr in Madrid gelebt.
d) Weil Florian verschlafen hat, muss er sich beeilen. / Weil Florian verschlafen hatte, musste er sich beeilen.
e) Mein Hausarzt hat gesagt, dass ich mehr Sport treiben soll/muss.

Satzglieder – Stellung und Funktion

Jeder Satz besteht aus verschiedenen Bausteinen, den so genannten Satzgliedern. Diese können aus nur einem Wort oder einer Wortgruppe bestehen.

- Das **Subjekt** gibt Auskunft über den Handelnden oder das Thema des Satzes („*Wer oder was?*").
- Das **Prädikat** („*Was geschieht?*") ist der Kern des Satzes und entweder einteilig (z. B. *gibt*) oder mehrteilig (z. B. *kann abgeholt werden*).
- Das **Objekt** ist vom Prädikat abhängig. Man unterscheidet zwischen dem **Genitivobjekt** („*Wessen?*"), dem **Dativobjekt** („*Wem?*") und dem **Akkusativobjekt** („*Wen oder was?*")
- **Adverbialien** geben Informationen über die Umstände eines Geschehens. Man unterscheidet **Temporaladverbialien** („*Wann/Seit wann/Wie lange?*"), **Lokaladverbialien** („*Wo/Wohin/Woher?*"), **Kausaladverbialien** („*Warum/Wieso?*") und **Modaladverbialien** („*Wie*"?).

Beispiel: *Der Schüler* (Subjekt) *gibt* (Prädikat) *im Klassenzimmer* (Lokaladverbiale) *dem Lehrer* (Dativobjekt) *sein Aufgabenheft* (Akkusativobjekt).

Attribute sind keine eigenen Satzglieder, sondern Satzgliedteile. Sie können nur zusammen mit dem Satzglied, zu dem sie gehören, verschoben werden.

Beispiele: das *grüne* T-Shirt (Adjektivattribut)
der Freund *meiner* Schwester (Genitivattribut)

TIPP Es gibt drei Möglichkeiten, wie du Satzglieder identifizieren kannst:

- Umstellprobe: Wörter, die du nur zusammen umstellen kannst, bilden ein Satzglied.
- Frageprobe: Du „erfragst" die einzelnen Satzglieder.
- Ersatzprobe: Du probierst, welche Wörter eines Satzes du zusammen durch ein anderes Wort / andere Wörter ersetzen kannst.

Übungen

1. Gib an, um welches Satzglied es sich jeweils handelt!

a) Leo (__________) schreibt (__________) einen Brief (__________).

b) Katharina (__________) schenkt (__________) Marc (__________) eine CD (__________).

c) Ich (__________) habe (__________) um 15 Uhr (__________) einen Arzttermin (__________).

d) Familie Meier (__________) verbringt (__________) ihren Urlaub (__________) in Italien (__________).

e) Sie (__________) gedachten (__________) des Verstorbenen (__________).

2. a) Stelle diesen Satz zweimal um!

Veronika hilft ihrer Mutter beim Kochen.

____

____

b) Eines der Satzglieder verändert innerhalb des Aussagesatzes nie seine Position. Welches?

____

3. Ordne die Satzglieder in der Reihenfolge „Subjekt – Prädikat – Objekt“ an.

a) hat geschenkt – ihrer Mutter – Lisa – ein Buch

____

b) kann abgeholt werden – im Fundbüro – der Schlüssel

____

____

Übungen

c) mir – er – einen Tipp – hat gegeben

___

d) ein Lokal – habe empfohlen – ich – den Touristen

___

e) heute – Birgit und Max – wollen tanzen gehen

___

4. Schaue dir die Sätze aus Übung 3 aufmerksam an.

a) Welches Satzglied steht im Satz zuerst: Dativ- oder Akkusativobjekt?

___

b) Wenn das Prädikat aus einer mehrteiligen Verbform besteht, wo stehen dann die einzelnen Teile im Satz?

___

___

5. Um welche Art von Adverbiale handelt es sich bei der kursiv gedruckten Form?

a) *Mit letzter Kraft* erreichte er den Gipfel des Berges.

___

b) Tina ist gestern *aus München* zurückgekommen.

___

c) Das Flugzeug ist *um 10 Uhr* gelandet.

___

d) *Vor Aufregung* konnte sie nicht schlafen.

___

Lösungen

1. a) Leo (Subjekt) schreibt (Prädikat) einen Brief (Akkusativobjekt).
b) Katharina (Subjekt) schenkt (Prädikat) Marc (Dativobjekt) eine CD (Akkusativobjekt).
c) Ich (Subjekt) habe (Prädikat) um 15 Uhr (Temporaladverbiale) einen Arzttermin (Akkusativobjekt).
d) Familie Meier (Subjekt) verbringt (Prädikat) ihren Urlaub (Akkusativobjekt) in Italien (Lokaladverbiale).
e) Sie (Subjekt) gedachten (Prädikat) des Verstorbenen (Genitivobjekt).

2. a) Ihrer Mutter hilft Veronika beim Kochen.
Beim Kochen hilft Veronika ihrer Mutter.
b) Das Prädikat ist im Aussagesatz immer das zweite Satzglied.

3. a) Lisa hat ihrer Mutter ein Buch geschenkt.
b) Der Schlüssel kann im Fundbüro abgeholt werden.
c) Er hat mir einen Tipp gegeben.
d) Ich habe den Touristen ein Lokal empfohlen.
e) Birgit und Max wollen heute tanzen gehen.

4. a) Das Dativobjekt steht immer vor dem Akkusativobjekt.
b) Bei einer mehrteiligen Verbform steht der erste Teil des Prädikats, die finite Verbform (z. B. in 3a: *hat*), stets als zweites Satzglied, die infinite Verbform(en) (z. B. in 3a: *geschenkt*) am Ende des Satzes.

5. a) Modaladverbiale
b) Lokaladverbiale
c) Temporaladverbiale
d) Kausaladverbiale

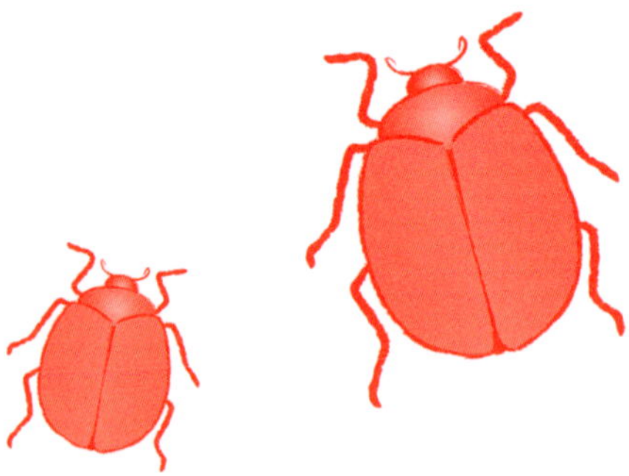

Haupt- und Nebensätze

Hauptsätze (HS) können für sich allein stehen. Nebensätze (NS) hingegen sind von einem Hauptsatz abhängig und können nicht allein stehen.

→ REGEL
Eine **Satzreihe** ist die Aneinanderreihung von Hauptsätzen. Als **Satzgefüge** bezeichnet man die Verbindung von Haupt- und Nebensatz.

Beispiel: Mona fliegt morgen nach Mallorca (HS) und freut sich sehr darauf (HS). → Satzreihe
Mona fliegt morgen nach Mallorca (HS), worauf sie sich schon sehr freut (NS). → Satzgefüge

Es gibt mehrere Arten von Nebensätzen; eine Art des Nebensatzes ist der Adverbialsatz, der von unterschiedlichen Konjunktionen eingeleitet werden kann. Demnach spricht man von:

- Temporalsätzen (NS der Zeit): *während*, *nachdem*, *als*, *wenn*, *solange*, *bevor*, *nachdem*, *sobald*, *bis*, *seit*
- Kausalsätzen (NS des Grundes): *weil*, *da*, *denn*, *obwohl*, *zumal*
- Modalsätze (NS der Art und Weise): *indem*, *als ob*, *je ... desto*, *wie*
- Finalsätze (NS der Absicht): *damit*, *um ... zu*, *darum*, *dass*

Beispiel: **Als** sie kam, war es bereits dunkel. (Temporalsatz)

Eine weitere Art des Nebensatzes ist der Relativsatz, der durch ein Relativpronomen eingeleitet wird und von einem Substantiv abhängig ist.

Beispiel: Der *Junge*, **der** dort steht, ist mein Bruder.

Außerdem gibt es Subjekt- und Objektsätze. Das sind Nebensätze, die im übergeordneten HS die Funktion eines Subjekts bzw. eines Objekts haben.

Beispiele: Dass er noch kommt, bezweifeln wir. (Subjektsatz)
Sie fragte uns, was sie tun soll. (Objektsatz)

Übungen

1. Handelt es sich um eine Satzreihe (SR) oder ein Satzgefüge (SG)?

a) Er hofft, dass er die Prüfung bestanden hat. ________

b) Kommst du noch heute oder wirst du erst morgen da sein? ________

c) Er weinte und sie nahm ihn in den Arm. ________

d) Entweder du kommst jetzt oder du hast Pech gehabt. ________

e) Ich mache meine Hausaufgaben, danach gehe ich schwimmen. ________

f) Als ich das Klassenzimmer betrat, saßen alle schon auf ihren Stühlen. ________

2. Verknüpfe Haupt- und Nebensatz mit einer passenden Konjunktion!

a) Sie ist zu Hause geblieben, ___________ sie krank ist.

b) _____________ du die Füße unter meinen Tisch stellst, habe ich das Sagen.

c) _____________ lauter du sprichst, _____________ besser versteht man dich.

3. Setze das passende Relativpronomen ein! Manchmal musst du noch eine Präposition einfügen.

a) Das Haus, __________ ich aufgewachsen bin, gibt es nicht mehr.

b) Die Frau, __________ über mir wohnt, ist sehr alt.

c) Ich sehne den Tag herbei, __________ die Ferien beginnen.

d) Das, __________ sie sagt, halte ich für verkehrt.

e) Der Schrank, __________ ich kaufen wollte, ist leider nicht mehr da.

f) Ein Kind, __________ Eltern nicht mehr leben, ist ein Waisenkind.

Übungen

4. Bilde mit der vorgegebenen Konjunktion ein Satzgefüge!

a) Es ist heiß. Peter schwitzt. (weil)

____

b) Man sollte das U-Bahn-Netz ausbauen. Es fahren weniger Leute mit dem Auto. (damit)

____

____

c) Komm zum Essen. Wasch dir die Hände. (bevor)

____

d) Ich werde nach Hause kommen. Ich bin mit der Arbeit fertig. (sobald)

____

____

5. Handelt es sich bei den Nebensätzen um Subjekt- oder Objektsätze? Wie kannst du sie erfragen?

a) Ob ich es rechtszeitig schaffen werde, ist fraglich.

____

b) Ich bezweifle, dass du Recht hast.

____

c) Paul weiß nicht, wann sein Flugzeug landen wird.

____

d) Jetzt ist sicher, dass Marc den Wettkampf gewinnen wird.

____

Lösungen

1. a) SG b) SR c) SR d) SR e) SR f) SG

2. a) Sie ist zu Hause geblieben, weil sie krank ist.
b) Solange du die Füße unter meinen Tisch stellst, habe ich das Sagen.
c) Je lauter du sprichst, desto besser versteht man dich.

3. a) Das Haus, in dem ich aufgewachsen bin, gibt es nicht mehr.
b) Die Frau, die über mir wohnt, ist sehr alt.
c) Ich sehne den Tag herbei, an dem die Ferien beginnen.
d) Das, was sie sagt, halte ich für verkehrt.
e) Der Schrank, den ich kaufen wollte, ist leider nicht mehr da.
f) Ein Kind, dessen Eltern nicht mehr leben, ist ein Waisenkind.

4. a) Weil es heiß ist, schwitzt Peter.
b) Man sollte das U-Bahn-Netz ausbauen, damit weniger Leute mit dem Auto fahren.
c) Wasch dir die Hände, bevor du zum Essen kommst.
d) Ich werde nach Hause kommen, sobald ich mit der Arbeit fertig bin.

5. a) Ob ich es rechtzeitig schaffen werde = Subjektsatz;
„Wer oder was“ ist fraglich? → Es ist fraglich.
b) ... dass du Recht hast = Objektsatz;
„Wen oder was“ bezweifle ich? → Ich bezweifle es.
c) ... wann sein Flugzeug landen wird = Objektsatz;
„Wen oder was“ weiß Paul nicht? → Er weiß es nicht.
d) ... dass Marc den Wettkampf gewinnen wird = Subjektsatz;
„Wer oder was” ist sicher? → Es ist sicher.

Test

1. Ergänze den Lückentext!

An ______________________________________ (ein schöner Sonntagmorgen) im Herbst ging der Igel, der nichts Besseres zu tun wusste, im Feld spazieren. Alsbald traf er ______________________ (der Hase). Höflich, wie er war, grüßte er ________________________________ (der vornehme Herr). Doch der Hase, als hochmütig bekannt, gab ____________________ (der Igel) eine herablassende Entgegnung. Dies ärgerte natürlich ________________ (der Igel), worauf er seinerseits ________________ (der Hase) eine passende Antwort zukommen ließ.

2. Hier stehen Wortarten, die du in den vorangegangenen Kapiteln gelernt hast. Verbinde das Wort und die dazugehörige Wortartbezeichnung mit Lineal und Bleistift!

unbestimmter Artikel	riesengroß
Adjektiv in der Grundform	eine
zusammengesetztes Substantiv	am besten
Adjektiv im Komparativ	schwanger
bestimmter Artikel	schön
Adjektiv im Superlativ	der
unsteigerbares Adjektiv	schneller
zusammengesetztes Adjektiv	Wildschwein

3. Diese Substantive sind falsch zusammengesetzt! Schreibe sie in der richtigen Zusammensetzung!

die ZEITSAURIER	die DINOBEEREN
der ERDWALD	die NADELMASCHINE
der SPORTFUSSBALL	das SCHLAUCHTOR
die GARTENTASCHE	das TISCHBOOT

____

____

____

____

____

4. Steigere die folgenden Adjektive!

Positiv	Komparativ	Superlativ
schön		
viel		
böse		
gut		
hell		
witzig		
müde		
dankbar		

5. Bilde aus den angegebenen Wörtern fünf sinnvoll zusammengesetzte Substantive. Verwende jedes Wort nur einmal. Kreise die Substantive, die zusammenpassen, jeweils mit der gleichen Farbe ein.

Dorf – Feuerwehr – Haupt – Fest – Hof – Gast – Holz – Mann – Preis – Tisch

6. Suche aus dem Text alle Substantive heraus und gib jeweils den Fall an, in dem sie stehen!

Der dicke Fridolin brauchte nicht viel, um glücklich zu sein: einen großen Knochen, seinen hübschen Garten und eine kuschelige Decke. Nur die schwarze Katze des Nachbarn konnte dem dicken Fridolin manchmal ein müdes Knurren entlocken.

1. Nominativ: ______
2. Genitiv: ______
3. Dativ: ______
4. Akkusativ: ______

7. Suche aus dem Text alle Adjektive heraus!

8. Bilde mit den unten stehenden Wörtern einen sinnvollen Satz, in dem alle vier Fälle vorkommen, und bestimme diese!

a) Chor – Bürgermeister – singen – Gemeinde – Lied

____

b) Lichter – Häuser – Junge – helfen – Stadt – finden

____

c) Schüler – Lehrer – Aufgabe – Sinn – erklären

____

d) Briefträger – Päckchen – bringen – Geburtstagskind – Eltern

____

9. Setze in die Pluralform!

a) der Hund ______________

b) der Baum ______________

c) das Haus ______________

d) das Mädchen ______________

e) die Frau ______________

10. Setze das Wort in den angegeben Fall! Vergiss nicht den Artikel!

a) Dativ, Singular
(Gast) ______________

b) Akkusativ, Singular
(Wald) ______________

c) Nominativ, Plural
(Mensch) ______________

d) Genitiv, Singular
(Freund) ______________

11. Bilde aus den folgenden Vergleichen Zusammensetzungen aus Substantiv und Adjektiv. Denke an die Kleinschreibung!

gerade wie eine Kerze: ____________________

kalt wie Eis: ____________________

groß wie ein Riese: ____________________

frisch wie der Tau: ____________________

weich wie Samt: ____________________

scharf wie ein Messer: ____________________

rund wie eine Kugel: ____________________

12. a) Ergänze richtig!

weiß ____________ Schnee

leichter ____________ eine Feder

rot ____________ eine Tomate

dümmer ____________ die Polizei erlaubt

dünn ____________ eine Bohnenstange

stumm ____________ ein Fisch

schneller ____________ der Blitz

b) Fülle die beiden folgenden Lücken!

Vergleichen wir gleiche Dinge miteinander, benutzen wir das Vergleichswort ____________.

Vergleichen wir unterschiedliche Dinge miteinander, benutzen wir das Vergleichswort ____________.

13. Groß oder klein? Setze jeweils das Wort *schön* ein!

Ist das ____________!

Du bist die ____________!

Es gibt etwas ____________!

Ferien sind am ____________!

14. Um welche Art von Adverbiale handelt es sich bei der kursiv gedruckten Form? Gib außerdem die Zeitstufe des Verbs an!

a) Tim lief *zum Supermarkt*.

Adverbiale: ______________ Zeitstufe: __________

b) *Aufgrund des starken Windes* wird das Fußballspiel leider ausfallen.

Adverbiale: ______________ Zeitstufe: __________

c) Nina hatte *sehr laut* gesprochen.

Adverbiale: ______________ Zeitstufe: __________

d) Wir bringen Lisa *wegen ihrer starken Bauchschmerzen* ins Krankenhaus.

Adverbiale: ______________ Zeitstufe: __________

e) In den Ferien werde ich *jeden Tag* meine Oma besuchen.

Adverbiale: ______________ Zeitstufe: __________

15. Setze im Hauptsatz das fehlende Hilfs- oder Modalverb ein, im Nebensatz die fehlende Konjunktion!

a) _________________ du bitte meine Blumen gießen, _________________ ich aus dem Urlaub zurück bin?

b) Ich _________________ es nun zum fünften Mal erklären, _________________ es auch jeder versteht.

c) _________________ wir Hunger hatten, _________________ wir so schnell wie möglich etwas essen.

d) _________________ Lea im Internat ist, _________________ ich sie nur zweimal gesehen.

16. Ordne die Satzglieder in der Reihenfolge „Subjekt – Prädikat – Objekt – Adverbiale" an und unterstreiche alle Attribute!

a) meinen kleinen Bruder – weckte auf – das Weinen des Kindes

____

____

b) schrieb – einen langen Brief – ich – meinen Eltern

____

c) der Lüge – die örtliche Polizei – bezichtigte

____

d) im Ferienhaus ihrer Eltern – verbringen – Hanna und ihre Schwester – ihren Urlaub

____

____

e) hütet – während der Ferien – Frau Huber – die Kinder ihrer Tochter

____

____

Lösungen

1. einem schönen Sonntagmorgen, den Hasen, den vornehmen Herrn, dem Igel, den Igel, dem Hasen

2. unbestimmter Artikel: *eine*; Adjektiv in der Grundform: *schön*; zusammengesetztes Substantiv: *Wildschwein*; Adjektiv im Komparativ: *schneller*; bestimmter Artikel: *der*; Adjektiv im Superlativ: *am besten*; unsteigerbares Adjektiv: *schwanger*; zusammengesetztes Adjektiv: *riesengroß*

3. die Dinosaurier, die Zeitmaschine, der Nadelwald, die Erdbeeren, die Sporttasche, das Gartentor, das Schlauchboot, der Tischfußball

4.
schön – schöner – am schönsten
viel – mehr – am meisten
böse – böser – am bösesten
gut – besser – am besten
hell – heller – am hellsten
witzig – witziger – am witzigsten
müde – müder – am müdesten
dankbar – dankbarer – am dankbarsten

5. Dorffest, Feuerwehrmann, Hauptpreis, Gasthof, Holztisch

6.
Nominativ: Fridolin, die Katze
Genitiv: des Nachbarn
Dativ: dem Fridolin
Akkusativ: Knochen, Garten, Decke, Knurren

7. dicke, viel, glücklich, großen, hübschen, kuschelige, schwarze, dicken, müdes

8.
a) Der Chor (Nominativ) der Gemeinde (Genitiv) singt dem Bürgermeister (Dativ) ein Lied (Akkusativ).
b) Die Lichter (Nominativ) der Häuser (Genitiv) helfen dem Jungen (Dativ) die Stadt (Akkusativ) zu finden.
c) Der Lehrer (Nominativ) erklärt dem Schüler (Dativ) den Sinn (Akkusativ) der Aufgabe (Genitiv).
d) Der Briefträger (Nominativ) bringt dem Geburtstagskind (Dativ) ein Päckchen (Akkusativ) der Eltern (Genitiv).

9. die Hunde; die Bäume; die Häuser; die Mädchen; die Frauen

10. a) dem Gast b) den Wald c) die Menschen d) des Freundes

11. kerzengerade; eiskalt; riesengroß; taufrisch; samtweich; messerscharf; kugelrund

12. a) wie; als; wie; als; wie; wie; als
b) Vergleichen wir gleiche Dinge miteinander, benutzen wir das Vergleichswort *wie*. Vergleichen wir unterschiedliche Dinge miteinander, benutzen wir das Vergleichswort *als*.

13. Ist das schön! Es gibt etwas Schönes!
Du bist die Schönste! Ferien sind am schönsten!

14. a) Lokaladverbiale; Präteritum
b) Kausaladverbiale; Futur I
c) Modaladverbiale; Plusquamperfekt
d) Kausaladverbiale; Präsens
e) Temporaladverbiale; Futur I

15. a) Kannst du bitte meine Blumen gießen, bis ich aus dem Urlaub zurück bin?
b) Ich werde es nun zum fünften Mal erklären, damit es auch jeder versteht.
c) Weil wir Hunger hatten, wollten wir so schnell wie möglich etwas essen.
d) Seit Lea im Internat ist, habe ich sie nur zweimal gesehen.

16. a) Das Weinen des Kindes weckte meinen kleinen Bruder auf.
b) Ich schrieb meinen Eltern einen langen Brief.
c) Die örtliche Polizei bezichtigte ihn der Lüge.
d) Hanna und ihre Schwester verbringen ihren Urlaub im Ferienhaus ihrer Eltern.
e) Frau Huber hütet die Kinder ihrer Tochter während der Ferien.

Deutsch

→ Rechtschreibung

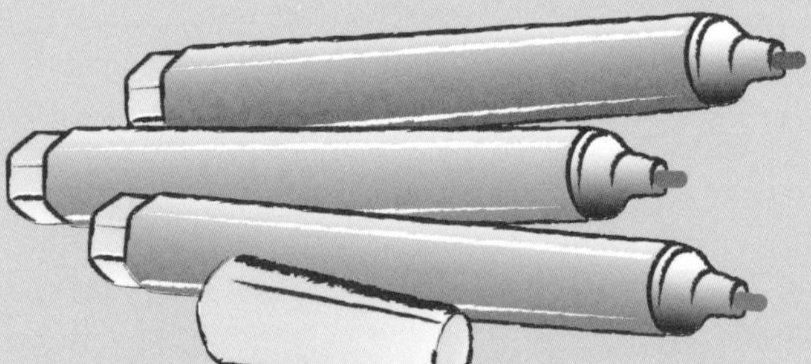

Das Dehnungs-*h*

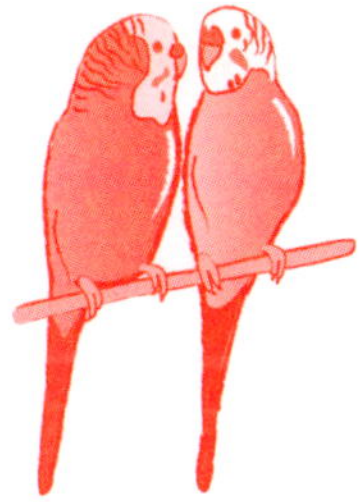

Wie du aus dem Unterricht sicher weißt, unterscheidet man zwischen lang und kurz gesprochenen Vokalen bzw. Umlauten.

Beispiele: Das *a* in *Dame* ist ein langer Vokal.
Das *u* in *Fluss* ist ein kurzer Vokal.

Im schriftlichen Sprachgebrauch gibt es verschiedene Möglichkeiten, einen Vokal als lang zu kennzeichnen. Man spricht in diesem Fall von Dehnung. Die meisten Wörter, die lang gesprochen werden, weisen keine besonderen Kennzeichen auf (z. B. *Wal*, *Tal*, *Krone*, *Mond*). Ein deutliches Erkennungsmerkmal für die Dehnung stellt aber das Dehnungs-*h* dar.

→ REGEL
Das Dehnungs-*h* kennzeichnet lang gesprochene Vokale und Umlaute.

Beispiele: S**oh**le, M**üh**le, W**ah**l, L**eh**rer, L**eh**m

→ REGEL
Das Dehnungs-*h* steht **nur vor *l, m, n*** und ***r*** und **nach** einem **betonten langen Vokal**!

Beispiele: Ko**hl**, Ra**hm**, Wo**hn**ung, E**hr**e

TIPP Es gibt auch viele Wörter, die zwar ein *h* in der Wortmitte haben, auf das aber kein *l, m, n* oder *r* folgt. Bei diesen Wörtern hört und spricht man das *h* deutlich (z. B. *Mühe*, *sehen*, *vorher*). In diesen Fällen handelt es sich also nicht um ein Dehnungs-*h*. Bei Verben musst du besonders gut auf das *h* achten. Im Infinitiv hört man es meistens ganz genau, aber bei den gebeugten Formen nicht.

Beispiele:

ge – **h** – en	du ge**h**st	er ge**h**t
se – **h** – en	du sa**h**st	er sa**h**
mä – **h** – en	du mä**h** – test	er mä**h** – te

Übungen

1. Was siehst du auf den folgenden Bildern? Schreibe das jeweilige Wort in die Zeile unter dem Bild! Achte auf das *h*!

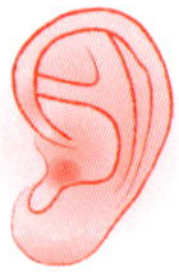

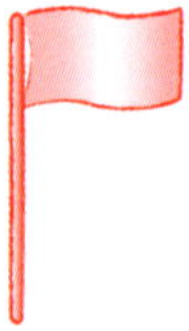

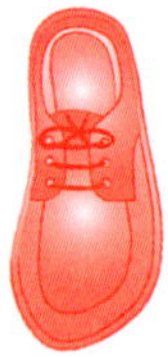

2. Fülle die zwei magischen Quadrate aus!

B	A	H	N
Z			
			L
M			
	E		

S	O	H	L	E
K				
	U			
	Ü			
M				

3. In der folgenden Wortreihe enthalten alle Wörter einen lang gesprochenen Vokal, aber nicht alle werden mit *h* geschrieben.
Sortiere nach Wörtern mit und ohne Dehnungs-*h*! Unterstreiche dabei jeweils den langen Vokal!

Wohnung, Naht, Dame, Krone, Nahrung, Kran, Wut, Draht, Drehung, früh, Samen, Nagel, Frühling, Lohn, Tal, Qual, Stuhl

Übungen

Wörter **mit** Dehnungs-*h*	Wörter **ohne** Dehnungs-*h*

4. Setze die folgenden Verben in der passenden Form in die Lücken ein!

blühen, fahren, leihen, stehen, drehen

a) Nächstes Jahr ______________ ich nach Amerika.

b) Bei unserem Bäcker ___________ die Leute samstags bis auf die Straße.

c) Ich ___________ dir dieses Buch nur, wenn du es mir übermorgen wieder zurückgibst.

d) Im Frühling __________ und grünt es überall.

e) Das Mühlrad ___________ sich im Wind.

5. Setze ein *h* in die Lücken ein! Aber Achtung: Nicht überall ist ein *h* richtig.

a) Einma___l im Ja___r besu___chen wir meine Gro___ßeltern.

b) Wer die Wa___l hat, hat die Qua___l.

c) Bei Re___gen fa____re ich mit der Ba___n.

d) Mein Bru___der ist erst vier und kann schon bis ze___n zä___len.

e) Im letzten Dikta___t hatte ich viele Fe___ler.

f) Auf der Stra___ße gibt es häufig keinen Fa____rradweg, des___alb ist es oft zie___mlich gefä___rlich.

Lösungen

1. Uhr, Ohr, Kuh, Fahne, Schuh

2.

B	A	H	N
Z	A	H	N
Z	A	H	L
M	A	H	L
M	E	H	L

S	O	H	L	E
K	O	H	L	E
K	U	H	L	E
K	Ü	H	L	E
M	Ü	H	L	E

3. Wörter mit Dehnungs-*h*:
Wohnung, Naht
Nahrung, Draht
Drehung, früh
Frühling, Lohn, Stuhl

Wörter ohne Dehnungs-*h*:
Dame, Krone
Kran, Wut
Samen, Nagel
Tal, Qual

4.
a) Nächstes Jahr fahre ich nach Amerika.
b) Bei unserem Bäcker stehen die Leute samstags bis auf die Straße.
c) Ich leihe dir dieses Buch nur, wenn du es mir übermorgen wieder zurückgibst.
d) Im Frühling blüht und grünt es überall.
e) Das Mühlrad dreht sich im Wind.

5.
a) Einmal im Jahr besuchen wir meine Großeltern.
b) Wer die Wahl hat, hat die Qual.
c) Bei Regen fahre ich mit der Bahn.
d) Mein Bruder ist erst vier und kann schon bis zehn zählen.
e) Im letzten Diktat hatte ich viele Fehler.
f) Auf der Straße gibt es häufig keinen Fahrradweg, deshalb ist es oft ziemlich gefährlich.

Vokalverdoppelung

Ein anderes Kennzeichen für einen langen Vokal ist die Vokalverdoppelung. Dahinter steckt nichts anderes, als dass aus einem *a*, *e* oder *o* jeweils zwei werden. Auch bei diesem Phänomen spricht man von Dehnung.

→ **REGEL**
Wenn ein Vokal verdoppelt wird, spricht man diesen lang!

Beispiele: See, Paar, Moos
Idee, Saat, Boot
Seele, Haar, Zoo
Schnee, Staat, Moor

Es gibt allerdings nicht besonders viele Wörter, die mit zwei gleichen Vokalen geschrieben werden. Die Dehnung durch das ***h*** ist im Deutschen viel häufiger. Deshalb solltest du dir am besten die wenigen, die es gibt, gut merken.

TIPP Das *u* und das *i* können nicht verdoppelt werden! Aus *u* kann nur *uh* werden, wie z. B. in den Wörtern *Huhn, Uhr, Ruhm*. Aus *i* wird *ih* (z. B. *ihr*) oder *ie* (z. B. *Miete*). Das gilt auch für die Umlaute *ä*, *ö* und *ü* (z. B. *Krähe, Föhn*).

Das Wort *cool* gehört allerdings nicht hierher, weil es ein Lehnwort aus dem Englischen ist.

TIPP An der Aussprache allein kann man oft nicht erkennen, ob es sich um eine Dehnung durch Vokalverdoppelung oder durch Dehnungs-*h* handelt.

Beispiele: Mein Vater lehrt (Dehnungs-*h*) seit vielen Jahren an unserer Schule Latein.

Mein Vater leert (Vokalverdoppelung) jeden Abend den Mülleimer.

Übungen

1. Bilde aus den Konsonanten und Doppelvokalen Wörter und schreibe sie in die nebenstehenden Zeilen!

W		t	______
P		re	______
S	**aa**	ge	______
H		l	______
St		r	______
L			______
Gel		re	______
Schn	**ee**	le	______
Id		re	______
B			______
S			______
			______
Z		s	______
B	**oo**	r	______
M		t	______

2. Suche die passenden Reimwörter!

TEE	LEER	PAAR
K ______	M ______	H ______
S ______	T ______	S ______
F ______	H ______	
K ______	S ______	

Übungen

3. Überlege und bilde jetzt einen Satz, der fünf der Reimwörter enthält!

→ ____

____

____

____

4. Finde die passenden Vokale für die Leerstellen:
a oder *aa*, *e* oder *ee*, *o* oder *oo*?

___ben	M___resbrise	H___rschnitt
W___lfisch	Kr___ne	Sp___rspitze
Gel___glas	P___rhufer	B___tssteg
Bromb___re	M___rgebiet	K___bels___l___t
Z___geh___ge	Chiems___	Schn___flocke
Pers___nenw___ge	Fests___l	M___s
St___tsempfang	___lglatt	M___ndsichel

Kam___l	Zauberf___	H___nigw___ben
R___be	id___nreich	S___t
Erdb___rb___t	Ban___ne	Zitr___ne
H___gelsch___den	Ehep___r	N___belschw___den
s___geln	h___rig	Pom___de
Kl___blatt	S___lenheil	L___re
H___resleitung	T___rstr___ße	Matr___se

Lösungen

1. Waage, Paar, Saal, Saar (Fluss), Saat, Haare, Haar, Staat
Leere, Gelee, Schnee, Idee, Beere, Seele
Zoo, Boot, Moos, Moor

2. **Mögliche Lösung:**
Tee: Kaffee, See, Fee, Klee
leer: Meer, Teer, Heer, Speer
Paar: Haar, Saar (Fluss)

3. **Mögliche Lösung:**
Eine Fee mit schönem Haar saß an der Saar auf dem grünen Klee und trank Kaffee.

4.

oben	Meeresbrise	Haarschnitt
Walfisch	Krone	Speerspitze
Geleeglas	Paarhufer	Bootssteg
Brombeere	Moorgebiet	Kabelsalat
Zoogehege	Chiemsee	Schneeflocke
Personenwaage	Festsaal	Moos
Staatsempfang	aalglatt	Mondsichel
Kamel	Zauberfee	Honigwaben
Rabe	ideenreich	Saat
Erdbeerbeet	Banane	Zitrone
Hagelschaden	Ehepaar	Nebelschwaden
segeln	haarig	Pomade
Kleeblatt	Seelenheil	Leere
Heeresleitung	Teerstraße	Matrose

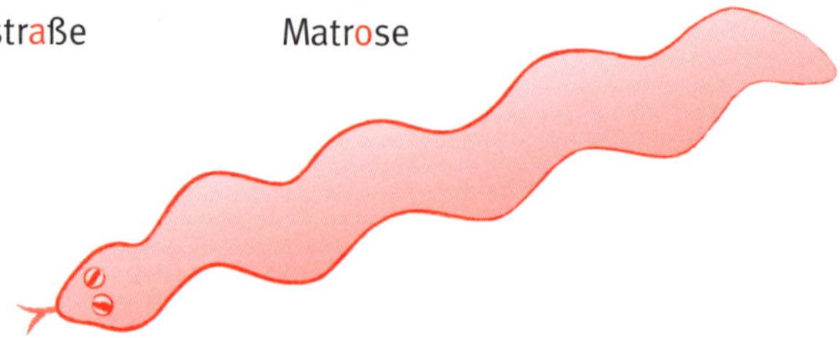

Der *i*-Laut

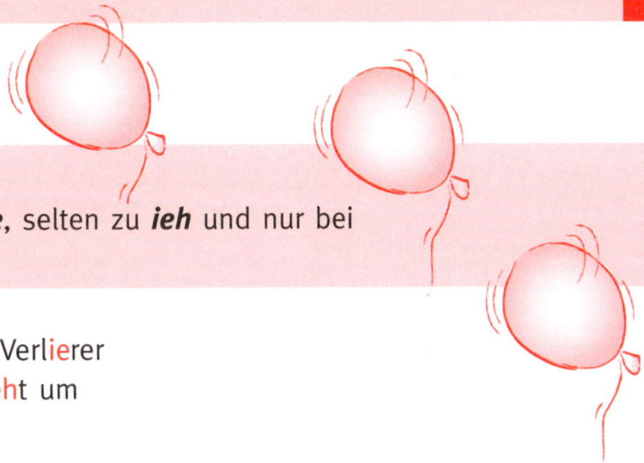

→ REGEL
Ein gedehntes ***i*** wird meistens zu ***ie***, selten zu ***ieh*** und nur bei den Personalpronomen zu ***ih***.

Beispiele:
ie Tier, bedienen, Verlierer
ieh das Vieh, er zieht um
ih ihm, ihr, ihnen

→ REGEL
Wörter, die am Wortende ein ***i*** haben, enden fast immer mit den Silben -***ie***, -***ier*** oder -***ieren***.

Beispiele:
ie Knie, Sie, nie, Melodie
ier Zier, Bier, Klavier
ieren spazieren, kapieren, telefonieren, verlieren

→ REGEL
Fremdwörter, die auf ein langes ***i*** enden, schreibt man mit einfachem ***i***. Das gilt besonders für folgende Endungen:
-il (*mobil, senil*), **-in** (*Vitamin, Medizin*),
-iv (*aktiv, passiv*) und **-iz** (*Indiz, Notiz*).

Beispiele: Spagetti, Makkaroni, Zucchini

TIPP Bei manchen Verben wird das Präteritum mit *ie* gebildet.

Beispiele:
laufen – lief
steigen – stieg
rufen – rief

TIPP Besonders viele Fehler passieren bei den Vorsilben *wider* und *wieder*! Mache dir die unterschiedlichen Bedeutungen klar, um sie voneinander zu unterscheiden. *Wider* bedeutet *gegen* und *wieder* *noch einmal*.

Übungen

1. Errätst du die gesuchten Wörter? In allen kommt entweder ein *i* oder ein *ie* vor!

alkoholisches Getränk	
meckerndes Tier	
Treibstoff für Autos	
italienische Wurst	
sammelt Honig	
Wintersport	
darauf fährt der Zug	

2. Bilde Wörter aus den Vorsilben und den Substantiven oder Verben!

	wieder	*wider*
sprechen		
kehren		
Wille		
spiegeln		
kommen		
käuen		
stehen		
Haken		
treffen		
holen		
legen		
setzen		
finden		
geben		

Übungen

3. Fülle die Lücken und entscheide, ob *i*, *ie*, *ih* oder *ieh* eingesetzt wird!

a) Als er ____r von der Goldm___ne erzählte, verzog s____ keine M____ne.

b) Der Detekt___v sucht intens___v nach einem Ind___z, um den D____b zu überlisten.

c) Meine Schwester steht jeden Tag v____r Stunden vor dem Sp____gel, um sich zu schm___nken und zu fr___s____ren.

d) S____st du den ___gel bei der F___chte?

e) D____se L___nie mark____rt die Grenze zwischen d___r und m___r.

f) Im Restaurant bestellte ich immer eine P___zza mit Salam___ oder Spagett___ mit Ol___ven.

g) S____ war noch n____ in Berl___n oder W____n.

h) Die K___nder sp____len auf der W____se.

i) ___n interess____ren besonders Chem____ und Biolog____.

j) Im letzten D___ktat hatte ich z____mlich v____le Fehler.

k) Unsere M____te ist zwar n____drig, aber die Wohnung ist z____mlich w___nzig.

l) Der Urlaub in Gr____chenland war in jeder Bez____ung schl___mm: H___tze, Fl____gen und Mücken.

Lösungen

1. Bier, Ziege, Benzin, Salami, Biene, Ski/Schi, Schiene

2.

wieder	**wider**
	widersprechen
wiederkehren	
	Widerwille
	widerspiegeln
wiederkommen	
wiederkäuen	
	widerstehen
	Widerhaken
wiedertreffen	
wiederholen	
	widerlegen
	widersetzen
wieder finden	
wiedergeben	

3.

a) Als er ihr von der Goldmine erzählte, verzog sie keine Miene.
b) Der Detektiv sucht intensiv nach einem Indiz, um den Dieb zu überlisten.
c) Meine Schwester steht jeden Tag vier Stunden vor dem Spiegel, um sich zu schminken und zu frisieren.
d) Siehst du den Igel bei der Fichte?
e) Diese Linie markiert die Grenze zwischen dir und mir.
f) Im Restaurant bestellte ich immer eine Pizza mit Salami oder Spagetti mit Oliven.
g) Sie war noch nie in Berlin oder Wien.
h) Die Kinder spielen auf der Wiese.
i) Ihn interessieren besonders Chemie und Biologie.
j) Im letzten Diktat hatte ich ziemlich viele Fehler.
k) Unsere Miete ist zwar niedrig, aber die Wohnung ist ziemlich winzig.
l) Der Urlaub in Griechenland war in jeder Beziehung schlimm: Hitze, Fliegen und Mücken.

Konsonanten-verdoppelung

In den letzten drei Kapiteln hast du ausschließlich Übungen zur Dehnung gemacht. Du weißt jetzt, welche Mittel es gibt, einen Vokal lang zu machen. Wenn man einen Vokal hingegen kurz spricht, bezeichnet man das als Schärfung. Ein Mittel zur Schärfung ist die Konsonantenverdoppelung.

→ **REGEL**
Wenn auf einen kurzen betonten Vokal **nur ein** Konsonant folgt, wird dieser **häufig verdoppelt**. Folgen jedoch **zwei oder mehr** verschiedene Konsonanten, findet **keine Verdoppelung** statt.

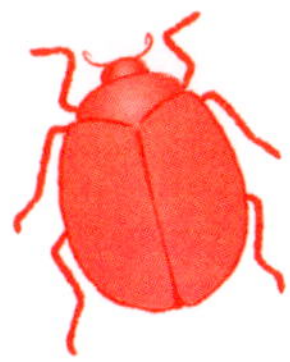

Beispiele: Nuss, Fluss, Zoff, Anna, Suppe, dennoch, voll

aber:
Fenster, Wand, schlicht, Kind, Sand, krank, gesund

Am häufigsten werden die Konsonanten *f* (Waffel), *l* (Ball), *m* (Amme), *n* (Tonne), *p* (Pappe), *s* (Masse) und *t* (Ratte) verdoppelt, seltener die Konsonanten *b* (wabbelig), *d* (Knuddel) und *g* (Roggen).

Die Konsonanten *c, h, q, v, w, x* und *y* werden nicht verdoppelt!

Aus Doppel-*k* wird *ck* (*Mücke*) und anstatt *zz* schreibt man *tz* (*Platz*).

TIPP Nicht auf alle kurz gesprochenen Vokale folgt eine Konsonantenverdoppelung. Das gilt besonders für einsilbige Wörter, die aus dem Englischen übernommen wurden.

Beispiele: Pop, Klub, Job, fit

Aber auch bei vielen deutschen einsilbigen Wörtern wird der Konsonant, der nach dem kurz gesprochenen Vokal steht, nicht verdoppelt.

Beispiele: ob, das, mit, von, bis, ab

Übungen

1. In dieser Wortschlange verbergen sich viele Wörter mit Doppelkonsonanten. Filtere sie heraus und trage sie auf den Übungszeilen ein!

LAMMSAMMELNDEPPPUPPEWANNEKLAMMBITTERFUTTER
SEPPNETTHERRLICHKLASSENATTERSUPPEKLAPPERN
DAMMMUTTERBETTDELLETANNESONNETIPPSTOPPZITTERN

2. Wie viele Reimwörter fallen dir zu den folgenden Begriffen ein?

Wonne ____

Kamm ____

Kippe ____

Tasse ____

Halle ____

3. Erkennst du den Unterschied in der Rechtschreibung zwischen folgenden Wortpaaren? Beim vorletzten Beispiel handelt es sich um eine Ausnahme. Das müsstest du dir getrennt von den anderen ansehen. Lies laut und notiere dann die Antwort in die nebenstehende Leerzeile!

satt/Saat ____

Bett/Beet ____

lahm/Lamm ____

kam/Kamm ____

man/Mann ____

Wal/Wall ____

Übungen

4. Füge die passenden Wörter in die Lücken ein, sodass sinnvolle Sätze entstehen. Markiere diejenigen, die mit Doppelkonsonanten geschrieben werden, mit einem farbigen Stift!

Stamm, fantastisch, gefällt, Bus, Kinder, beginnt, Apfel, kommst, Herbst, Roller, Pullover

a) Der ______________ fällt nicht weit vom ______________.

b) Im ______________ ______________ für viele ______________ die Schule.

c) Fährst du mit dem ______________ oder ______________ du zu Fuß?

d) Wie ______________ dir mein neuer ______________?

e) Der ______________ steht dir ______________________.

5. Doppelter oder einfacher Konsonant? Entscheide richtig.

Top(p)model	______________	Tel(l)efon	______________
April(l)	______________	Fotoap(p)arat	______________
Ad(d)res(s)e	______________	Lam(m)pe	______________
Pol(l)izei	______________	Kas(s)et(t)e	______________
Mam(m)a	______________	Zim(m)er	______________
Ferienjob(b)	______________	Som(m)er	______________
Bus(s)haltestelle	______________	Rin(n)der	______________
Kis(s)te	______________	Ter(r)as(s)e	______________
Zigaret(t)e	______________	Pap(p)el	______________
Fit(t)nes(s)	______________	Lim(m)onade	______________
Kaugum(m)i	______________	Kontrol(l)e	______________

Lösungen

1. LAMM, SAMMELN, DEPP, PUPPE, WANNE, KLAMM, BITTER, FUTTER, SEPP, NETT, HERRLICH, KLASSE, NATTER, SUPPE, KLAPPERN, DAMM, MUTTER, BETT, DELLE, TANNE, SONNE, TIPP, STOPP, ZITTERN

2. **Mögliche Lösung:**
Sonne, Tonne, Nonne
Schlamm, Damm, Lamm, klamm, Schwamm
Sippe, Krippe, Grippe, Rippe, Lippe, Wippe, Klippe
Klasse, Masse, Rasse, Trasse, Kasse
alle, Falle, Kralle, Schnalle, Qualle

3. Die Wörter *satt, Bett, Lamm, Kamm, Mann* und *Wall* haben alle Doppelkonsonanten, der Vokal wird deshalb kurz gesprochen.
Einzige Ausnahme ist hier das Wort *man*. Obwohl hier nur ein Konsonant steht, spricht man es ebenfalls kurz.
Bei den anderen Wörtern wird der Vokal ausnahmslos lang gesprochen.

4.
a) Der Apfel fällt nicht weit vom Stamm.
b) Im Herbst beginnt für viele Kinder die Schule.
c) Fährst du mit dem Bus oder kommst du zu Fuß?
d) Wie gefällt dir mein neuer Roller?
e) Der Pullover steht dir fantastisch.

5. Topmodel, Telefon, April, Fotoapparat, Adresse, Lampe, Polizei, Kassette, Mama, Zimmer, Ferienjob, Sommer, Bushaltestelle, Rinder, Kiste, Terrasse, Zigarette, Pappel, Fitness, Limonade, Kaugummi, Kontrolle

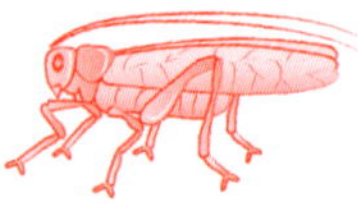
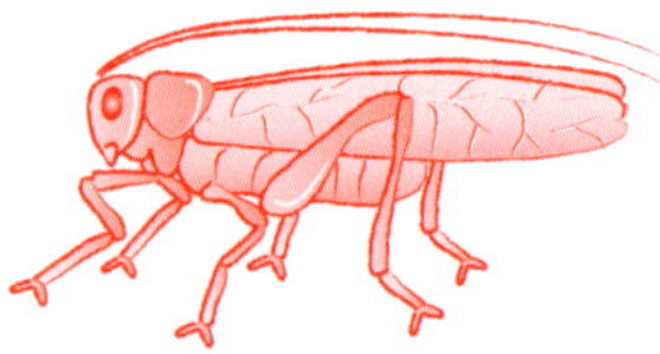
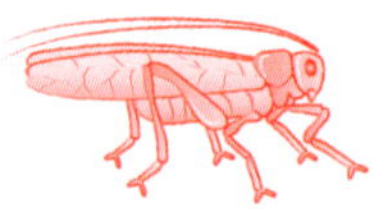

Konsonanten-häufung

Die Konsonantenhäufung ist wie die Konsonantenverdoppelung, die du im vorherigen Kapitel kennengelernt hast, ein Mittel zur Schärfung. Es geht also auch hier um Konsonanten, die auf kurze Vokale folgen.

→ REGEL
Wenn mehr als zwei Konsonanten aufeinander folgen, nennt man das **Konsonantenhäufung**.

Beispiele: selbstständig, Schrankwand, Strafe, Arzt, Wichtel, Metzgerei

→ REGEL
Treffen **drei gleiche Konsonanten** zusammen, werden auch tatsächlich alle drei geschrieben. Das passiert immer dann, wenn das erste Wort auf einen Doppelkonsonanten endet und das zweite mit demselben beginnt.

Beispiele: Brennnessel, Kontrolllampe, Betttuch

Meistens handelt es sich in diesem Fall um Wortzusammensetzungen. Eine Wortzusammensetzung entsteht dann, wenn du aus zwei Wörtern ein neues bildest. Du darfst viele dieser Wörter mit Bindestrich schreiben, da drei gleiche Buchstaben hintereinander oft ziemlich komisch aussehen.

Beispiel: Schiff–Fahrt

TIPP Vorsicht bei den Wörtern *Mittag, Drittel* und *dennoch*! Sie werden nämlich nicht mit drei gleichen Konsonanten geschrieben, obwohl auch sie aus zwei Wörtern zusammengesetzt sind (Mittag = Mitte + Tag; Drittel = dritter + Teil; dennoch = denn + noch). Sie haben sich nämlich im Laufe der Zeit zu eigenständigen Wörtern mit eigener Schreibweise entwickelt.

Übungen

1. Setze die folgenden Begriffe so zusammen, dass sinnvolle Wörter entstehen. Verbinde sie mit Linien und schreibe das neu entstandene Wort in die Leerzeile dahinter!

Fußball	Liste	______________________
Ballett	Nummer	______________________
Bett	frei	______________________
Bestell	Länderspiel	______________________
Gewinn	Tänzerin	______________________
Krepp	Folie	______________________
Kunststoff	Tuch	______________________
Stickstoff	Papier	______________________

2. In diesem Buchstabengewirr verstecken sich senkrecht oder waagerecht fünf zusammengesetzte Wörter. Finde sie und kreise sie ein!

A	S	F	K	K	L	Ü	M	G	R	T	U	T	Z	S	R
D	C	G	H	M	E	S	S	S	T	A	B	L	M	J	O
F	H	D	H	O	I	U	Z	B	G	K	K	L	Ö	M	L
K	R	H	L	Ö	P	Ä	D	A	F	V	B	S	B	J	L
V	I	Ä	J	H	K	L	S	Ö	O	J	N	K	T	Z	L
J	T	S	T	I	L	L	L	E	B	E	N	L	Ä	K	A
A	T	E	G	H	U	I	L	B	C	N	D	V	D	F	D
D	T	F	G	G	A	A	F	G	V	D	S	D	A	A	E
K	E	N	N	N	U	M	M	E	R	A	S	D	F	S	N
U	M	K	L	L	A	W	A	S	A	D	A	W	R	T	R
K	P	Ö	Ä	G	H	C	G	S	Y	F	S	G	D	S	G
F	O	Ä	D	F	M	N	O	Ü	L	O	K	N	S	D	S

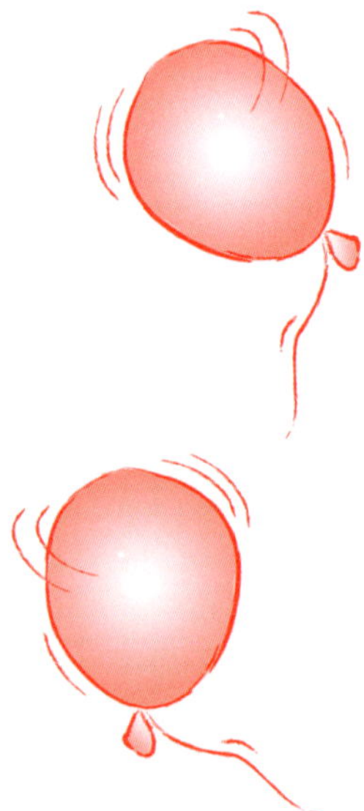

Übungen

3. Lies die folgende Geschichte laut und achte dabei auf die kurzen betonten Vokale! Unterstreiche zuerst die Wörter mit Konsonantenverdoppelung und unterringle die mit Konsonantenhäufung. Letztere sind in der Lösung fett gedruckt. Trage sie dann in die unten stehende Tabelle ein!

Das Gewitter

Es war ein schöner Sommertag. Meine Eltern hatten schon in aller Früh beschlossen mit unserem Segelboot eine Schifffahrt zu machen. Als wir am See ankamen, war das Wasser ganz ruhig und glatt. Am Anfang war ziemliche Flaute und wir sprangen immer wieder ins Wasser. Es war ein Genuss, nicht zwischen den Menschenmassen zu liegen. Endlich kam Wind auf und wir konnten etwas Fahrt machen.

Immer weiter entfernten wir uns vom Ufer und bemerkten gar nicht, wie der Himmel immer dunkler und der Wind immer stärker wurde. Plötzlich blitzte und donnerte es. Im nächsten Moment riss das Segel und flatterte als Stofffetzen um den Mast herum. Das Schiff trieb in den Wellen wie eine Nussschale. Mein Vater war in Stresssituationen immer recht unbeholfen. Meine Mutter war Nichtschwimmerin und meine kleine Schwester Anna weinte und zitterte vor Angst. Also musste ich uns retten. Ich suchte die Leuchtpistole und gab ein paar Schüsse ab. Wenige Minuten später war die Wasserwacht zur Stelle.

Konsonantenverdoppelung	**Konsonantenhäufung**

Lösungen

1.

Fußball	Liste	Fußballländerspiel
Ballett	Nummer	Balletttänzerin
Bett	frei	Betttuch
Bestell	Länderspiel	Bestellliste
Gewinn	Tänzerin	Gewinnnummer
Krepp	Folie	Krepppapier
Kunststoff	Tuch	Kunststofffolie
Stickstoff	Papier	stickstofffrei

2.

A	**S**	K	K	L	Ü	M	G	R	T	U	T	Z	**R**
D	**C**	G	H	**M**	**E**	**S**	**S**	**S**	**T**	**A**	**B**	L	**O**
F	**H**	D	H	O	I	U	Z	B	G	K	K	L	**L**
K	**R**	H	L	Ö	P	Ä	D	A	V	B	S	B	**L**
V	**I**	Ä	J	H	K	L	S	Ö	O	J	N	K	**L**
J	**T**	**S**	**T**	**I**	**L**	**L**	**L**	**E**	**B**	**E**	**N**	L	**A**
A	**T**	E	G	H	U	I	L	B	C	N	D	V	**D**
D	**T**	F	G	G	A	A	F	G	V	D	S	D	**E**
K	**E**	**N**	**N**	**N**	**U**	**M**	**M**	**E**	**R**	A	S	S	**N**
U	**M**	K	L	L	A	W	A	S	A	D	A	W	R
K	**P**	Ö	Ä	G	H	C	G	S	Y	F	S	G	D
F	**O**	Ä	D	F	M	N	O	Ü	L	O	K	N	S

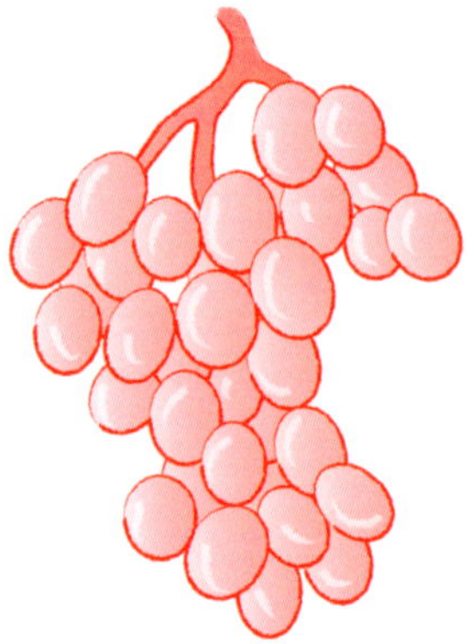

3. **Das Gewitter**

Es war ein schöner Sommertag. Meine Eltern hatten schon in aller Früh beschlossen mit unserem Segelboot eine **Schifffahrt** zu machen. Als wir am See ankamen, war das Wasser ganz ruhig und glatt. Am Anfang war ziemliche Flaute und wir sprangen immer wieder ins Wasser. Es war ein Genuss, nicht zwischen den Menschenmassen zu liegen. Endlich kam Wind auf und wir konnten etwas Fahrt machen.
Immer weiter entfernten wir uns vom Ufer und bemerkten gar nicht, wie der Himmel immer dunkler und der Wind immer stärker wurde. Plötzlich blitzte und donnerte es. Im nächsten Moment riss das Segel und flatterte als **Stofffetzen** um den Mast herum. Das Schiff trieb in den Wellen wie eine **Nussschale**. Mein Vater war in **Stresssituationen** immer recht unbeholfen. Meine Mutter war Nichtschwimmerin und meine kleine Schwester Anna weinte und zitterte vor Angst. Also musste ich uns retten. Ich suchte die Leuchtpistole und gab ein paar Schüsse ab. Wenige Minuten später war die Wasserwacht zur Stelle.

Konsonantenfolge *ck* und *tz*

Für *ck* und *tz* gelten dieselben Regeln wie für die übrigen Konsonantenverdoppelungen.

→ REGEL
Nach einem kurzen betonten Vokal werden auch die Konsonanten *k* und *z* verdoppelt. Aus ***kk*** wird ***ck*** und aus ***zz*** wird ***tz***!

Beispiele: Mücke, dick, knacken
Ritze, schwitzen, Klotz

TIPP Es gibt natürlich ein paar Ausnahmen: z. B. *Mokka, Makkaroni, Sakko, Akkusativ, Mozzarella, Razzia, Pizza.* Das sind Fremdwörter, die sich ihre Schreibweise erhalten haben. Glücklicherweise gibt es nicht besonders viele davon.

→ REGEL
Das *ck* kann man nicht trennen, weil es als *ein* Buchstabe verstanden wird. Das *tz* hingegen wird getrennt, weil es sich hier um zwei Buchstaben handelt.

Beispiele: Glo – cke, zo – cken, Lo – cke
krat – zen, Glat – ze, wit – zig

→ REGEL
Nach *l, m, n* und *r* steht nie ein *ck* oder *tz*!

Beispiele: Walze, Ranzen, Herz, Anker, Imker, Erker

→ REGEL
ck und *tz* folgen nie auf einen langen Vokal oder Diphthong!

Beispiele: Musik, schneuzen, Weizen, heikel, Schaukel

Übungen

1. Sortiere folgende Wörter nach *ck* und *tz*! Am besten schreibst du immer zwei Wörter in eine Zeile.

Hacke, Pfütze, Ritze, Lack, Socke, Hetze, schlecken, Hitze, Flocke, spitz, schlucken, plötzlich, Zucker, schick, trotzdem, Schmutz, kotzen, Macke, jetzt, Decke, Blitz, Fleck, Glück, Kratzer

Wörter mit *ck*

Wörter mit *tz*

2. In welcher Reihenfolge werden diese Wörter wohl im Wörterbuch stehen?

Wörter mit *ck*

Wörter mit *tz*

3. Finde nun zu jedem Wort ein Reimwort, sofern dies möglich ist!

Hacke – Backe

Pfütze – Grütze

Übungen

____________________ ____________________

____________________ ____________________

____________________ ____________________

____________________ ____________________

4. Suche dir aus der Liste in Übung 1 jeweils drei Wörter aus und bilde mit ihnen vier Sätze. Du kannst dazu selbstverständlich sowohl Wörter mit *ck* als auch solche mit *tz* verwenden.

Nach dem Autounfall hat der **Lack jetzt** eine **Macke**.

a) ____________________

b) ____________________

c) ____________________

d) ____________________

5. *k*, *ck*, *z* oder *tz*? Entscheide richtig!

a) Scho___olade und Ke___se schme___en le___er.

b) Wan___en und Ze___en sind e___elhaft.

c) Weiche Matra___en sind schlecht für den Rü___en.

d) Die Ku___u___suhr ti___t laut.

e) Je___t pla___t mir gleich der Kragen.

f) Der Dackel wa___elt mit dem Schwan___.

g) Loren___ und Mori___ si___en auf der Matra___e.

h) Zum Wal___ertan___en braucht man viel Ta___tgefühl.

i) Wenn du kran___ bist, musst du zum Ar___ t gehen.

j) Der Bä___er schwi___t in der Hi___e des Ba___ofens.

k) Auf dem Bal___on si___t ein Spa___.

l) Die Ka___e schle___t ihre Ta___en.

Lösungen

1. **Wörter mit *ck*:**
Hacke, Lack, Socke, schlecken
Flocke, schlucken, Zucker, schick
Macke, Decke, Fleck, Glück

Wörter mit *tz*:
Pfütze, Ritze, Hetze, Hitze
spitz, plötzlich, trotzdem, Schmutz
kotzen, jetzt, Blitz, Kratzer

2. **Wörter mit *ck*:**
Decke, Fleck, Flocke, Glück, Hacke, Lack, Macke, schick, schlecken, schlucken, Socke, Zucker

Wörter mit *tz*:
Blitz, Hetze, Hitze, jetzt, kotzen, Kratzer, Pfütze, plötzlich, Ritze, Schmutz, spitz, trotzdem

3. **Mögliche Lösung:**
Decke – Ecke; Fleck – Dreck;
Flocke – Glocke;
Glück – Stück;
Lack – Sack; schick – dick;
schlecken – wecken;
schlucken – spucken;
Socke – Locke;
Zucker – armer Schlucker;

Blitz – Schlitz; Hetze – Petze;
Hitze – Ritze;
jetzt – zuletzt; kotzen – protzen;
Kratzer – Patzer;
Pfütze – Stütze;
Ritze – Spritze
Schmutz – Putz;
spitz – Witz

4. Individuelle Lösungen

5.
a) Schokolade und Kekse schmecken lecker.
b) Wanzen und Zecken sind ekelhaft.
c) Weiche Matratzen sind schlecht für den Rücken.
d) Die Kuckucksuhr tickt laut.
e) Jetzt platzt mir gleich der Kragen.
f) Der Dackel wackelt mit dem Schwanz.
g) Lorenz und Moritz sitzen auf der Matratze.
h) Zum Walzertanzen braucht man viel Taktgefühl.
i) Wenn du krank bist, musst du zum Arzt gehen.
j) Der Bäcker schwitzt in der Hitze des Backofens.
k) Auf dem Balkon sitzt ein Spatz.
l) Die Katze schleckt ihre Tatzen.

Stimmhaftes und stimmloses *s*

Im Deutschen unterscheiden wir zwischen einem stimmhaften (weichen, summenden) und einem stimmlosen (scharfen, zischenden) *s*-Laut.

→ REGEL
Das **stimmhafte (weiche) *s*** wird immer durch den Buchstaben *s* dargestellt. Der stimmhafte *s*-Laut steht nur am Wortanfang oder in der Wortmitte, nie jedoch am Wortende.

Beispiele: Suppe, sausen, sehen, Hose, Amsel

Für den stimmlosen *s*-Laut hingegen gibt es drei mögliche Schreibweisen: *s*, *ss* und *ß*.

→ REGEL
Das **stimmlose (scharfe) *s*** am Wortende wird immer dann durch den Buchstaben *s* dargestellt, wenn eine verlängerte stimmhafte Form des Wortes möglich ist.

Beispiele: Haus – Häuser, Eis – eisig, los – lose

Ebenso werden Verbformen mit stimmlosem *s* dann durch den Buchstaben *s* dargestellt, wenn im Infinitiv ein stimmhaftes *s* steht.

Beispiele: dösen – er döst – wir dösten, lesen – er las

→ REGEL
Das **stimmlose *s*** wird mit dem Buchstaben *s* dargestellt, wenn es in Verbindung mit anderen Konsonanten nach einem kurzen betonten Vokal, nach einem Diphthong oder nach einem unbetonten Vokal steht.

Beispiele: Wurst, Post, räuspern, meistens, Auster, etwas, Ergebnis

TIPP Es gibt auch einige Wörter, die außerhalb dieser Regeln mit *s* geschrieben werden (z. B. *Bus*, *das*, *es*, *des*, *was*, *bis*).

Übungen

1. Stimmhaft oder stimmlos? Lies die Wörter laut und ordne sie in der Tabelle!

Reise Rest Rose lesen Toast Maus Kiste Ergebnis eines
Knospe Süden Pause Rasen Rost Laus Westen Reis Sieg
Preis Tennis Globus Sarg Erlaubnis

stimmhaft	stimmlos

2. Ordne jetzt die Wörter mit stimmlosem *s* folgenden Gruppen zu!

a) Wörter, bei denen ein stimmloses *s* nach einem kurzen Vokal in Verbindung mit einem oder mehreren Konsonanten steht (wie in *Rest*).

b) Wörter, bei denen das *s* am Wortende im Singular stimmlos, in abgeleiteten Formen aber stimmhaft ist (wie bei *Haus – Häuser*).

c) Wörter, bei denen das *s* am Wortende nach unbetontem Vokal steht (wie in *etwas*).

Übungen

3. Verbinde die Buchstaben so, dass sie einen Sinn ergeben!

bl		
br		
d	a	
fr	ä	
kr	au	
l	e	sen
n	ei	
r	em	
s	ie	
schm	o	
t	ö	
w		

4. Trage die gefundenen Infinitive in die Tabelle ein und bilde die konjugierten Formen!

Infinitiv	3. Person Singular Präsens	3. Person Plural Imperfekt
dösen	er döst	sie dösen

Lösungen

1. stimmhaft: Reise, Rose, lesen, Süden, Pause, Rasen, Sieg, Sarg
stimmlos: Rest, Toast, Maus, Kiste, Ergebnis, eines, Knospe, Rost, Laus, Westen, Reis, Preis, Erlaubnis, Globus, Tennis

2. a) Toast, Kiste, Knospe, Rost, Westen
b) Maus, Laus, Reis, Preis
c) eines, Erlaubnis, Ergebnis, Globus, Tennis

3.

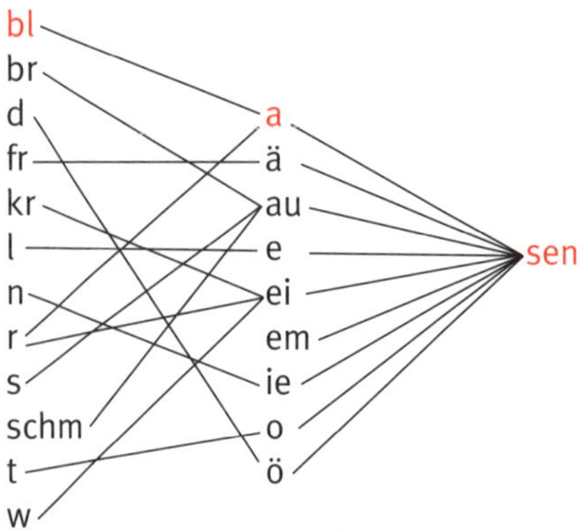

4.

Infinitiv	3. Person Sing. Präsens	3. Person Plural Imperfekt
blasen	er bläst	sie bliesen
brausen	er braust	sie brausten
dösen	er döst	sie dösten
fräsen	er fräst	sie frästen
kreisen	er kreist	sie kreisten
lesen	er liest	sie lasen
niesen	er niest	sie niesten
rasen	er rast	sie rasten
reisen	er reist	sie reisten
sausen	er saust	sie sausten
schmausen	er schmaust	sie schmausten
tosen	er tost	sie tosten
weisen	er weist	sie wiesen

ss und *ß*

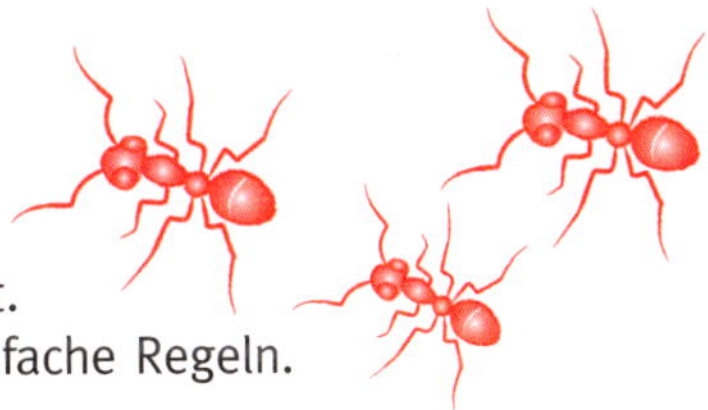

ss und *ß* lassen sich lautlich nicht unterscheiden.
Beides steht für einen stimmlosen (scharfen) s-Laut.
Für den Gebrauch von *ss* und *ß* gibt es ein paar einfache Regeln.

→ REGEL
Nach **kurzem betonten Vokal** steht ***ss***.

Beispiele: Fluss, Kuss, Schuss, Schluss, Stress, nass, er muss, er isst
Ausnahmen: das, des, es, bis, Bus

→ REGEL
Nach **langem Vokal** steht ***ß***.

Beispiele: Gruß, fließen, Maß, Fuß, Ruß, Blöße, grüßen

→ REGEL
Nach einem **Diphthong** (Doppellaut) steht ebenfalls ***ß***, wenn im Wortstamm kein weiterer Konsonant folgt.

Beispiele: Fleiß, außen, heißen (aber: Auster, meistens)
Ausnahmen: aus, Maus, Eis, Kreis, Kies, Preis, Reis

TIPP Wenn du dir nicht sicher bist, bilde den Plural: Ist das *s* hier ebenfalls stimmlos, musst du auch im Singular *ß* oder *ss* nach den obigen Regeln schreiben. Ist das *s* im Plural stimmhaft, schreibe *s* (z. B. *Spieß – Spieße, Bass – Bässe,* aber: *Maus – Mäuse, Haus – Häuser*).

Einige Verben verändern bei ihrer Beugung die Vokallänge. Ebenso können von Verben abgeleitete Substantive ihre Vokallänge verändern.

Beispiele: fließen – er floss – der Fluss – das Floß
wissen – er weiß – er wusste

TIPP Schreibt man in Großbuchstaben, wird *ß* durch *SS* ersetzt:
Straße → STRASSE.

Übungen

1. Setze *s*, *ss* oder *ß* ein! Achte dabei auf die Länge der Vokale.

a) Zur Begrü____ung und zum Schlu____ gaben sie sich immer einen Ku____.
b) Auf einen hei____en Sommer folgt oft ein na____er Herbst.
c) Hei____t es im Bayrischen nicht Ma____?
d) Zum Me____en fixieren sie das Ma____band am Punkt A.
e) Vorsicht, bi____iger Hund!
f) La____t uns gehen, sonst pa____iert noch etwas.
g) Auch Ha____ macht hä____lich.
h) Wohlweislich versteckte sie die grö____ten Nü____e gut.
i) Der Schmerz im Fu____ lie____ ihn erbla____en.
j) Weiter oben verengte sich die Stra____e zu einem Gä____chen.
k) Viele Grü____e, verge____t mich nicht!
l) Drau____en ist es heute aber wirklich scheu____lich.

2. Kennst du diese Sprichwörter und Redewendungen?

a) Ohne Flei____ kein Prei____.
b) Wer A sagt, mu____ auch B sagen.
c) Mü____iggang ist aller La____ter Anfang.
d) Das schlägt dem Fa____ den Boden aus.
e) ... das Ma____ aller Dinge.
f) ... wie aus der Pistole gescho____en.

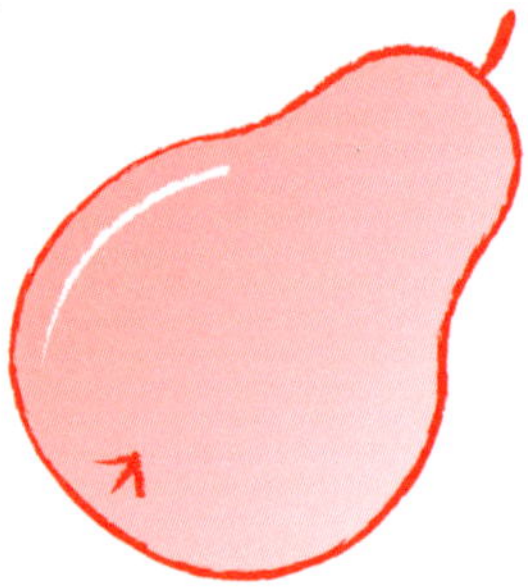

3. Wie heißen die gesuchten Begriffe?

a) Reisedokument, Bergstraße: ____________
b) breiter als ein Bach, aber noch kein Strom: ____________
c) höchste Spielkarte: ____________
d) tiefe Stimme, Musikinstrument: ____________
e) aus dem Englischen entlehnter Begriff für den Vorgesetzten: ____________
f) die dritten Zähne: ____________
g) Entscheidung: ____________

Übungen

4. Bilde das Imperfekt und das Perfekt zu den Verben in folgenden Sätzen!

a) Sie *gießt* die Blumen.

b) Er *sitzt* immer hinten.

c) Wir *reißen* das Haus ab.

d) Wir *wissen* nicht, wer er war.

e) Ich *erblasse* vor Neid.

f) Sie *isst* am liebsten Nudeln.

g) Wir *genießen* den Sommer.

h) Der Hund *frisst* nicht mehr.

i) Ich *fasse* es nicht.

Lösungen

1. a) Zur Begrüßung und zum Schluss gaben sie sich immer einen Kuss.
b) Auf einen heißen Sommer folgt oft ein nasser Herbst.
c) Heißt es im Bayrischen nicht Maß?
d) Zum Messen fixieren sie das Maßband am Punkt A.
e) Vorsicht, bissiger Hund!
f) Lasst uns gehen, sonst passiert noch etwas.
g) Auch Hass macht hässlich.
h) Wohlweislich versteckte sie die größten Nüsse gut.
i) Der Schmerz im Fuß ließ ihn erblassen.
j) Weiter oben verengte sich die Straße zu einem Gässchen.
k) Viele Grüße, vergesst mich nicht!
l) Draußen ist es heute aber wirklich scheußlich!

2. a) Ohne Fleiß kein Preis.
b) Wer A sagt, muss auch B sagen.
c) Müßiggang ist aller Laster Anfang.
d) Das schlägt dem Fass den Boden aus.
e) ... das Maß aller Dinge.
f) ... wie aus der Pistole geschossen.

3. a) Pass
b) Fluss
c) Ass
d) Bass
e) Boss
f) Gebiss
g) Beschluss

4. a) goss, hat gegossen
b) saß, hat gesessen
c) rissen ab, haben abgerissen
d) wussten, haben gewusst
e) erblasste, bin erblasst
f) aß, hat gegessen
g) genossen, haben genossen
h) fraß, hat gefressen
i) fasste, habe gefasst

das oder *dass*

Der Unterschied zwischen *das* und *dass* besteht in der Funktion der beiden Wörter. Wenn du diesen Unterschied verstanden hast, ist die richtige Schreibung auch kein Problem mehr.

→ REGEL

Das Wörtchen ***das*** kann folgende **Funktionen** haben:

1. Artikel (Begleiter),
2. Relativpronomen (bezügliches Fürwort),
3. Demonstrativpronomen (hinweisendes Fürwort).

Beispiele:	Das Auto ist rot.	(Artikel)
	Ein Auto, das falsch geparkt worden ist, ...	(Relativpronomen)
	Ich wollte das!	(Demonstrativpronomen)

→ REGEL

Das Wörtchen ***dass*** ist eine Konjunktion (Bindewort). Es verbindet immer einen Nebensatz mit einem Hauptsatz.

Solche Nebensätze kommen besonders häufig vor nach:

1. Verben der sinnlichen Wahrnehmung wie *sehen*, *hören*, *spüren* ...
   z. B.: *Ich habe gehört, dass man dort sehr gut essen kann.*
2. Verben des Sagens wie *sagen*, *antworten*, *erwidern* ...
   z. B.: *Er sagt, dass er nicht kommen kann.*
3. Verben des Glaubens und Denkens wie *glauben*, *denken*, *wissen* ...
   z. B.: *Du weißt, dass ich das kann.*

dass kann auch Teil der Konjunktion *so (...) dass* sein, die ausdrückt, dass das Geschehen im Nebensatz eine Folge des Geschehens im Hauptsatz ist.

Beispiel: Sie sang so gut, dass alle gerne kamen.

TIPP Wenn du *das* durch *dieses*, *jenes* oder *welches* ersetzen kannst, schreibst du es mit einfachem *s*. Denn dann handelt es sich um ein Demonstrativ- (*dieses*, *jenes*) oder ein Relativpronomen (*welches*).

Beispiel: Jenes Auto, *das/welches* falsch geparkt worden ist, ...

Übungen

1. Welche Funktion hat *das* in den folgenden Sätzen?

Das Reh stand mitten auf der Lichtung.
Das Wetter würde sich wohl so bald nicht ändern.
Ich kann **das** Buch nicht finden.
Das Fest, von dem sie sich so viel versprochen hatten, war eine große Enttäuschung.
Das Essen schmeckte den Kindern nicht.
Vielleicht sollten wir **das** Fenster wieder einmal putzen.

Antwort: ______________________________

2. Welche Funktion hat es hier? Ergänze zwei weitere Sätze, in denen es dieselbe Funktion wahrnimmt.

Ein Auto, **das** nicht fährt, hilft uns auch nicht.
Ein kleines Kind, **das** müde ist, macht seiner Umgebung selten Freude.

Antwort: ______________________________

____

____

____

3. Und nun noch die letzte Funktion von *das*. Wie heißt sie? Ergänze auch hier wieder zwei Sätze.

Das ist ja die Höhe!
Das kann ich nicht!

Antwort: ______________________________

____

____

____

Übungen

4. In welcher Funktion treten die Wörtchen *dass* und *das* jeweils auf?

Ich wusste, **dass** du noch kommen würdest. ______________________________

Das war aber eine schöne Feier. ______________________________

Er wünschte, **dass** sie es auch gesehen hätte. ______________________________

Das Geburtstagskind muss nun die Kerzen ausblasen. ______________________________

____

Ein Pferd, **das** weiß ist und schwarze Flecken hat, nennt man Apfelschimmel.

____

Sie fehlten einander so sehr, **dass** sie jeden Abend stundenlang telefonierten.

____

5. Und nun umgekehrt. Pronomen, Konjunktion oder Artikel?
Überlege und setze die richtige Form von *das/dass* in die Lücke!

a) Montag würde sie das Kleid kaufen, _______ ihr schon lange so gut gefiel.

b) Er wählte den Weg so, _______ er ihm nicht begegnen würde.

c) Wir wussten nicht, _______ wir eingeladen waren.

d) Es gefiel ihnen nicht, _______ sie so oft stritten.

e) Du wusstest doch, _______ ich das nicht ernst meinen konnte.

f) Ist _______ nicht _______ Buch, _______ du so lange gesucht hast?

g) _______ kann ich einfach nicht glauben!

h) Es war so heiß, _______ keiner Lust hatte, etwas zu unternehmen.

6. Wodurch kann man *das* ersetzen, wenn es als Demonstrativ- oder Relativpronomen verwendet wird?

____

Lösungen

1. Artikel

2. Relativpronomen

Ein Versprechen, das nicht gehalten wird, kann eine Freundschaft sehr belasten.
Ein Spiel, das nur Streit bringt, erfüllt seinen Zweck wohl nicht.

3. Demonstrativpronomen

Das hast du noch nicht gewusst?
Das ist er.

4. Konjunktion (Bindewort), Demonstrativpronomen, Konjunktion (Bindewort), Artikel, Relativpronomen, Konjunktion (Bindewort)

5.
a) Montag würde sie das Kleid kaufen, das ihr schon lange so gut gefiel. (Relativpronomen)
b) Er wählte den Weg so, dass er ihm nicht begegnen würde. (Konjunktion)
c) Wir wussten nicht, dass wir eingeladen waren. (Konjunktion)
d) Es gefiel ihnen nicht, dass sie so oft stritten. (Konjunktion)
e) Du wusstest doch, dass ich das nicht ernst meinen konnte. (Konjunktion)
f) Ist das nicht das Buch, das du so lange gesucht hast? (Demonstrativpronomen, Artikel, Relativpronomen)
g) Das kann ich einfach nicht glauben! (Demonstrativpronomen)
h) Es war so heiß, dass keiner Lust hatte, etwas zu unternehmen. (Konjunktion)

6. *das* kann durch *dieses*, *jenes* oder *welches* ersetzt werden, wenn es als Demonstrativ- oder Relativpronomen verwendet wird.

Gleich und ähnlich klingende Vokale

Es gibt ein paar Vokale, die beim Sprechen zwar sehr ähnlich oder sogar völlig gleich klingen, die sich aber in der Schreibweise deutlich voneinander unterscheiden.
Dazu gehören:
1. der *e*-Laut, den man *e* oder *ä* schreiben kann: *melken – kämmen*
2. der *ei*-Laut, der entweder *ei* oder *ai* geschrieben wird: *Leib – Kai*
3. der *eu*-Laut, den man entweder *eu*, *äu* oder *oi* schreibt: *Leute – Läuse – Boiler*

→ REGEL
Der ***e*-Laut** wird meistens durch den Buchstaben ***e*** wiedergegeben. Mit ***ä*** schreibt man ein Wort nur dann, wenn man es von einem anderen **Wort mit *a* ableiten** kann.

Beispiel: *häkeln* kommt von *Haken*

Ausnahmen: Einige Wörter schreibt man mit *e*, obwohl sie sich von Wörtern mit *a* ableiten lassen: *Eltern – alt*, *schmecken – Geschmack*, *wecken – wach*.

→ REGEL
Der ***ei*-Laut** wird in der Regel auch mit ***ei*** geschrieben.

Für die Wörter mit *ai* gibt es leider keine festen Regeln. Am besten lernst du sie auswendig. Es sind aber nicht besonders viele.

Beispiele: Hochzeit, Kleid, reiten, weinen, klein
Hai, Waise, Mais, Laib, Saite

→ REGEL
Der ***eu*-Laut** schreibt sich meistens mit ***äu*** und lässt sich von Wörtern mit ***au*** ableiten.

Für die Wörter, die man mit *eu* oder *oi* schreibt, gilt auch, dass du sie am besten gut lernst.

Beispiele: Maus – Mäuse / Heu, neu, teuer / Boiler, Loipe, Toilette

Übungen

1. *e* oder *ä*? Finde den richtigen *e*-Laut und fülle damit die Lücken. Suche außerdem nach den Ableitungsmöglichkeiten und schreibe sie in die Zeile dahinter. Aber pass gut auf, denn du kannst nicht alle Wörter ableiten!

Gäste – Gast

___ngstlich	______________	S___kt	______________
d___mlich	______________	h___mmern	______________
S___mmel	______________	W___nde	______________
h___sslich	______________	Kr___he	______________
gn___dig	______________	Z___he	______________
H___nne	______________	N___gel	______________
R___nder	______________	Schm___rz	______________
N___sse	______________	g___ren	______________
St___ngel	______________	H___rz	______________
W___chsel	______________	H___nde	______________
K___se	______________	L___rm	______________

2. In der folgenden Buchstabenreihe verstecken sich 10 Wörter, die man mit *ai* schreibt. Suche sie und notiere sie dann in den Zeilen darunter! Versuche dir diese Wörter gut zu merken!

MAITGDXCVKAISERÖKMNTRAINERÖDÖVÖSMAISÖFÄVSÄLAICHL
FLÖFDWAISELMVDETAILKMNLAIBKJMSAITEDLFHAI

____

____

____

Übungen

3. Setze *ei* oder *ai* in die Lücken ein!

a) In Th___land habe ich b___m Tauchen H___e gesehen.
b) Im M____ ist der M____s noch lange nicht r____f.
c) Frösche l____chen m____stens in T____chen.
d) Er achtet auf jedes kl____nste Det____l.
e) B___m G____gespielen ist mir ___ne S____te gerissen.
f) Julia und K___ waren b____m Wandertag nicht dab____.
g) K____serschmarren schmeckt mit Rosinen besonders f____n.

4. Welche Ableitungen fallen dir zu folgenden Wörtern ein?

Traum	*träumen*	Haus	*Häuser*
Schaum	____________	Laus	____________
Raum	____________	Sau	____________
Bauer	____________	Haut	____________
Frau	____________	Laut	____________
rauben	____________	Maul	____________
Rauch	____________	sauber	____________

5. Kombiniere die folgenden Silben und Buchstaben mit *eu* oder *äu*, sodass sinnvolle Wörter entstehen und schreibe sie in die Tabelle!

Fr	de		ropa	vertr	mt	Ungeh	er
S	berung	Entt	schung	Abent	er	d	tlich
S	gling	gr	lich	Verk	er	F	er
n	lich	Ger	sche	enth	ten		le

Lösungen

1.

ängstlich	Angst	Sekt	–
dämlich	–	hämmern	Hammer
Semmel	–	Wände/Wende	Wand/–
hässlich	Hass	Krähe	–
gnädig	Gnade	Zehe	–
Henne	–	Nägel	Nagel
Ränder	Rand	Schmerz	–
Nässe	nass	gären	gar
Stängel	Stange	Herz	–
Wechsel	–	Hände	Hand
Käse	–	Lärm	–

2. MAITGDXCVKAISERÖKMNTRAINERÖDÖVÖSMAISÖFÄVSÄLAICHL
FLÖFDWAISELMVDETAILKMNLAIBKJMSAITEDLFHAI

3.
a) In Thailand habe ich beim Tauchen Haie gesehen.
b) Im Mai ist der Mais noch lange nicht reif.
c) Frösche laichen meistens in Teichen.
d) Er achtet auf jedes kleinste Detail.
e) Beim Geigespielen ist mir eine Saite gerissen.
f) Julia und Kai waren beim Wandertag nicht dabei.
g) Kaiserschmarren schmeckt mit Rosinen besonders fein.

4. **Mögliche Lösung:**

Schaum	schäumen	Laus	Läuse
Raum	räumen	Sau	Säue
Bauer	bäuerlich	Haut	Häute, häuten
Frau	Fräulein	Laut	läuten
rauben	Räuber, räuberisch	Maul	Mäuler
Rauch	räuchern	sauber	säubern, Säuberung

5. Wörter mit *eu*: Freude, Europa, neulich, Eule, Feuer, deutlich, Abenteuer, Ungeheuer
Wörter mit *äu*: Säugling, Enttäuschung, gräulich, verträumt, Geräusche, enthäuten, Säuberung, Verkäufer

Gleich und ähnlich klingende Konsonanten

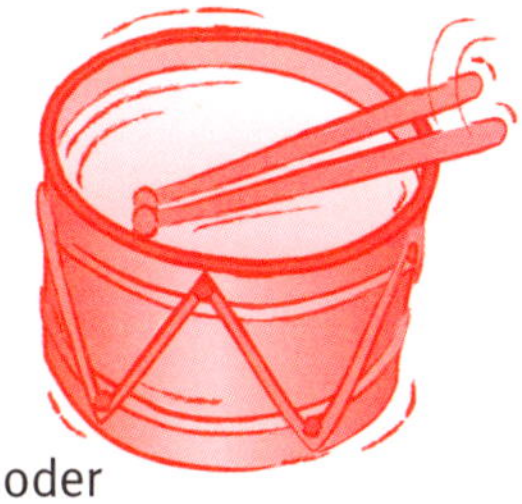

Leider gibt es auch einige Konsonanten, die sehr ähnlich oder fast gleich klingen. Oft liegt das an den Dialekten, die von Region zu Region unterschiedlich sind. So kann etwa in manchen Landstrichen *p* wie *b* oder *t* wie *d* gesprochen werden. Auch *g* und *k* werden bei ungenauer Aussprache gerne verwechselt (z. B. geschrieben: *Honig* – gesprochen: *Honich*). Und das sind die Konsonanten, die dir vielleicht manchmal Schwierigkeiten bereiten:

1. *b* und *p*

Beispiele: das Kalb, aber: der Gips

2. *d* und *t*

Beispiele: das Rad, aber: der Rat

3. *g* und *k* bzw. *g* und *ch*

Beispiele: der Schlag, aber: der Spuk, heilig, aber: heimlich

TIPP Für diese drei Gruppen gibt es leider keine festen Regeln, aber dafür einen kleinen Trick, mit dem du dir helfen kannst. Mache die Verlängerungsprobe! Du hängst einfach an das Wortende einen oder mehrere Buchstaben an. Dann kannst du sofort hören, wie du das Wort am Ende schreiben musst.

Beispiele:	das Kal**b** – die Käl**b**er	(Pluralbildung)
	trauri**g** – ein trauri**g**es Lied	(deklinierte Form)
	Ran**d** – umran**d**en	(aus einem Substantiv ein Verb machen)

4. *f*, *v* und *ph*

Beispiele: Film – Vogel – Physik

Für die Buchstaben *f* und *v* gibt es weder Regeln noch Tricks. Hier musst du dir die Schreibweise der Wörter einfach merken. Das *ph* hingegen kommt nur in Fremdwörtern vor (z. B. *Philosophie*).

Übungen

1. Ergänze die beiden magischen Quadrate und achte dabei immer auf den letzten Buchstaben!

H	A	N	D
	U		
B			T
			D
R			

R	E	S	T
	A		
M			
	O		
		R	D

2. Suche jeweils 4 Reimwörter zu *Trieb* und *Land*!

TRIEB ______________________________

LAND ______________________________

3. Finde in dem folgenden Buchstabengewirr alle Wörter mit *f*, *v* oder *ph* und schreibe sie in die Tabelle!

FAHRRADJKLPOVOLKGDSFGNOVEMBERKDGFJPHILIPPÖLKFAHNEÄÖL
FVERBRECHEROTGKLVASELKFDGFALKELÄSDLÖFADENLKÖFINNLANDAVATERK
KFPHILOSOPHÖFETTORKURVESDFÖKVOLLASDFÜRLKEPRIVATMSFASSLOUOFEN
ÖLPÖKTAFELADSPHASESDFRLÖTELEFONDFGVIELSDFÖLKVONBRAVLKSCHAFÄ

Wörter mit *f*	Wörter mit *v*	Wörter mit *ph*

Übungen

4. Bilde jeweils fünf Wörter mit den Vorsilben *ver-* und *fort-*!

verlassen – forttreiben

ver-	*fort-*

5. *g*, *k* oder *ch*? Entscheide richtig! Denke an die Verlängerungsprobe, wenn du dir unsicher bist!

a) Ein Zwer____ ist winzi____.

b) Das Kind ist fröhli____.

c) Das ist überhaupt nicht witzi____.

d) Eine Kröte ist schleimi____ und hässli____.

e) Das Essen ist ferti____!

f) Die Butter ist ranzi____.

g) Der Teppi____ ist drecki____.

h) Wärst du gerne ein Köni____?

i) Ludwi____ ist immer unpünktli____.

j) Der We____ ist lang und steini____.

k) Die Ma____d pla____t sich.

l) Meine An____st nachts ist fürchterli____.

Lösungen

1.

H A N D	R E S T
H U N D	R A S T
B U N T	M A S T
B U N D	M O S T
R U N D	M O R D

2. **Trieb:** Dieb, Sieb, lieb, Hieb
Land: Sand, Strand, Wand, Hand

3. FAHRRADJKLPOVOLKGDSFGNOVEMBERKDGFJPHILIPPÖLKFAHNEÄÖL
FVERBRECHEROTGKLVASELKFDGFALKELÄSDLÖFADENLKÖFINNLANDAVATERK
KFPHILOSOPHÖFETTORKURVESDFÖKVOLLASDFÜRLKEPRIVATMSFASSLOUOFEN
ÖLPÖKTAFELADSPHASESDFRLÖTELEFONDFGVIELSDFÖLKVONTDFBRAVLKSCHAFÄ

Wörter mit f:	Wörter mit v:	Wörter mit ph:
Fahrrad, Fahne, Falke, Faden	Volk, November, Verbrecher,	Philipp
Finnland, fett, für, Fass	Vase, Vater, Kurve, voll	Phase
Ofen, Tafel, Telefon, Schaf	privat, viel, von, brav	Philosoph

4. **ver:** Verdienst, Verwandte, verlieren, vergeben, verteilen
fort: Fortschritt, Fortsetzung, fortlaufen, fortgeben, forttragen

5. a) Ein Zwerg ist winzig.
b) Das Kind ist fröhlich.
c) Das ist überhaupt nicht witzig.
d) Eine Kröte ist schleimig und hässlich.
e) Das Essen ist fertig!
f) Die Butter ist ranzig.
g) Der Teppich ist dreckig.
h) Wärst du gerne ein König?
i) Ludwig ist immer unpünktlich.
j) Der Weg ist lang und steinig.
k) Die Magd plagt sich.
l) Meine Angst nachts ist fürchterlich.

Test

1. Du weißt nun, dass es kurze und lange Vokale gibt. Mache dir zuerst noch einmal klar, welche verschiedenen Möglichkeiten es gibt, einen Vokal zu dehnen bzw. zu schärfen.

____

____

2. Versuche, mit deinen eigenen Worten die wichtigsten Regeln zu *s*, *ss* und *ß* zu formulieren. Erkläre außerdem den Unterschied zwischen *das* und *dass*!

1. ______________________________

____

2. ______________________________

____

3. ______________________________

____

____

3. Ergänze die Wörter richtig und füge, falls notwendig, einen Doppelvokal oder ein Dehnungs-*h* ein:

a) S___bine (a) mit dem roten Sch___l (a) gewann die W___l (a) mit einer Stimme Überz___l (a). Es wogte der Applaus im S___l (a).

b) Der L___rer (e) trank in aller S___lenr___e (e, u) das Gl___s (a) l___r (e), w___rend (ä) die Sch___ler (ü) nach ___m (i) r___fen (i).

c) Sie f___r (u) mit der B___n (a) nach Wuppert___l (a) und w___lte (ü) in ___rer (i) Tasche nach der F___rkarte (a).

d) Willst du dich mit mir vers___nen (ö), komm mir nicht mit solchen T___nen (ö).

e) Der S___n (o) versank beinahe im M___r (o), der Vater z___ g (o) ihn in das B___t (o).

f) Das R___d (a) der M___le (ü) dr___t (e) sich w___der (i)!

4. Lass dir den folgenden Text von jemanden diktieren. Du kannst ihn dir auch auf Kassette sprechen und dann das Band stückweise abspielen.

Einmal mussten wir noch abbiegen, dann waren wir da. Vor uns lag das Meer, das wir endlich nach langer Fahrt erreicht hatten. Beim Aussteigen dehnten und streckten wir uns, alle Glieder waren steif vom langen Sitzen. Meine kleine Schwester Ines musste niesen, weil sie Heuschnupfen hatte und die Wiesen in der Nähe noch blühten.
Wir fuhren jedes Jahr hierher ans Meer und am Strand sah ich schon die blau-weiß gestreiften Liegestühle. Mutter wies uns darauf hin, dass wir nicht zu weit ins tiefe Wasser schwimmen sollten.
Wie bei dem See in der Nähe meines Wohnortes gab es auch hier viele Boote, aber die meisten hier waren größer.
Sabine, meine ältere Schwester, war als erste im Wasser, dann kam Vater und schließlich ich. Meine Mutter war bei Ines geblieben und schlief. Das Wasser war sehr warm und ich lüge nicht, wenn ich sage: „Ich liebe das Meer."

5. Setze ein: *k*, *ck*, *tz* oder *z*? Achtung: Manchmal gibt es mehrere Möglichkeiten!

Lo___e	Wi___	Schau___el	Ti___
pau___en	tan___en	Her___	Schmu___
Mar___e	We___er	Scha___	spu___en
Ta___e	Scher___	La___en	An___ug

6. In diesem Bericht kommen viele gleichklingende Wörter vor, allerdings sind sie meist falsch geschrieben. Suche die Fehler heraus und schreibe sie richtig!

Endlich ging es los! Wir fräuten uns wie die Wilden. Teglich hatten wir davon getreumt, in die Berge zu fahren – und dann war es tatsechlich so weit! Die Medchen aus unserer Klasse haben im Bus ein lustiges Lied von Reubern gesungen und wir Jungen haben uns überlegt, wie wir den Medchen einen Beeren aufbinden könnten. Als wir ankamen, haben wir im letzten Schain der Sonne draußen gesessen und lustiges Retselraten gespielt. Speter, als es dann dunkel wurde, haben wir am Feuer gesessen und uns Gruselmerchen erzählt. Wir waren dann aber alle schnell müde und sind früh schlafen gegangen. Auf einmal sind wir aber aus unseren Betten geschreckt: Was waren das für nechtliche Gereusche? Ein Gehäul wie von Wölfen und das Hu-Hu einer Äule und was raschelte da im Meisfeld neben unserem Fenster? Wir waren vor Schreck wie beteubt, bis einer von uns rief: „Das sind die blöden Medchen!" Die Medchen lachten sich halb tot und wir beschlossen, uns in der nächsten Nacht zu rechen!

7. *das* oder *dass*? Entscheide richtig!

Sie hatten sich so darauf eingestellt, da___ da___ Wetter am Wochenende schön sein würde, da___ sie schon freitags alles für da___ Picknick am See vorbereitet hatten. Und am Samstagmorgen: Da___ Gewitter in der Nacht hatte da___ Thermometer um 10 Grad fallen lassen und da___ es immer noch in Strömen regnete, da___ war jetzt auch schon fast egal. Was tun? Da___ die

Museen an so einem Tag überfüllt sein würden, davon waren sie alle überzeugt. Klar war auch, da___ ein Besuch im Schwimmbad keine echte Alternative wäre. Und da___ Programm; da___ da___ Fernsehen heute bot, war auch nicht toll. Da___ war die Idee! Da___ Freizeitheim in der Schulstraße hatte doch heute sein 10-jähriges Bestehen! Da___ wurde natürlich gefeiert. Sie waren sicher, da___ da___ Fest eine lustige Abwechslung werden würde. Da___ Wichtigste war doch jetzt, da___ sie überhaupt einen Plan hatten.

8. Setze *s*, *ss*, oder *ß* ein!

a) Mitten auf dem gro___en Flu___ kenterte unser Flo___.

b) Wi___t ihr wa___ ich ha___e? Wenn man mir Flü___igkeit einflö___en will!

c) Die Rei___enden ri___en sich um die Nü___e.

d) Ich e___e gerne Rei___. Ich bin eben ein Genie___er!

e) Ich kann es nicht fa___en! Der Hund geht ins Wa___er!

f) Er war immer flei___ig, Mü___iggang kannte er nicht.

g) Er konnte es nicht la___en, ständig kü___te er sie.

h) Fa___t hätte ich mir den Fu___ gebrochen!

9. Streiche die falschen Buchstaben durch!

Sei**d/t** ihr alle da?
Sei**d/t** vielen Jahren geht das schon so.
K**ai/ei**n und Abel waren Brüder.
Das ist k**ai/ei**n Unterschied.
Tr**äu/eu**me sind nicht teuer.
Der W**ä/e**cker klingt erb**ä/e**rmlich
Quar**g/k** mit Honi**g/k** schmeckt richti**ch/g** gut.

10. *Wieder* oder *wider*? Setze *ie* oder *i* in die Lücken!

a) Er freute sich auf ein W___dersehen.

b) Du hast es ihm weggenommen, du musst es ihm auch w___dergeben!

c) Das schmeckt ja w___derlich!

d) Eine Kuh ist ein W___derkäuer.

e) Ich werde morgen w___derkommen.

f) Er war mein größter W___dersacher.

g) Niemand muss die Klasse w___derholen.

h) Manchen Dingen muss man einfach w___derstehen.

11. Finde zu den unten stehenden Rätseln Wörter mit *f*, *v*, *ph* oder *pf* am Anfang!

a) Diese Tiere wiehern ______________________________

b) Nicht die Mutter sondern der ______________________

c) Das Gegenteil von Krieg __________________________

d) Ich schaue aus dem ______________________________

e) Der König im alten Ägypten hieß ___________________

f) Das rauchen vor allem Kapitäne ____________________

12. Bilde das Imperfekt und das Perfekt zu den Verben in den folgenden Sätzen!

a) Ich komme nach Hause.

____

b) Ich treffe ihn morgen.

____

c) Hanna gefällt ihr neues Zimmer.

____

Lösungen

1. **Dehnung:** Dehnungs-*h*, *i*-Laut, Vokalverdoppelung
Schärfung: Konsonantenverdoppelung, -häufung, *ck* und *tz*

2. Vergleiche dazu Kapitel 22, 23 und 24.

3. a) Sabine mit dem roten Schal gewann die Wahl mit einer Stimme Überzahl. Es wogte der Applaus im Saal.
b) Der Lehrer trank in aller Seelenruhe das Glas leer, während die Schüler nach ihm riefen.
c) Sie fuhr mit der Bahn nach Wuppertal und wühlte in ihrer Tasche nach der Fahrkarte.
d) Willst du dich mit mir versöhnen, komm mir nicht mit solchen Tönen.
e) Der Sohn versank beinahe im Moor, der Vater zog ihn in das Boot.
f) Das Rad der Mühle dreht sich wieder!

4. Vergleiche deinen Text mit dem Buch.

5. Locke, Witz, Schaukel, Tick, pauken, tanken (oder tanzen), Herz, Schmuck (oder Schmutz), Marke, Wecker, Schatz, spucken/spuken, Tatze, Scherz, Laken, Anzug

6. freuten; täglich; geträumt; tatsächlich; Mädchen; Räubern; Mädchen; Bären; Schein; Rätselraten; später; Gruselmärchen; nächtliche Geräusche; Geheul; Eule; Maisfeld; betäubt; Mädchen; Mädchen; rächen

7. Sie hatten sich so darauf eingestellt, dass das Wetter am Wochenende schön sein würde, dass sie schon freitags alles für das Picknick am See vorbereitet hatten. Und am Samstagmorgen: Das Gewitter in der Nacht hatte das Thermometer um 10 Grad fallen lassen und dass es immer noch in Strömen regnete, das war jetzt auch schon fast egal. Was tun? Dass die Museen an so einem Tag überfüllt sein würden, davon waren sie alle überzeugt. Klar war auch, dass ein Besuch im Schwimmbad keine echte Alternative wäre. Und das Programm, das das Fernsehen heute bot, war auch nicht toll.

Das war die Idee! Das Freizeitheim in der Schulstraße hatte doch heute sein 10-jähriges Bestehen! Das wurde natürlich gefeiert. Sie waren sicher, dass das Fest eine lustige Abwechslung werden würde. Das Wichtigste war doch jetzt, dass sie überhaupt einen Plan hatten.

8. a) Mitten auf dem großen Fluss kenterte unser Floß.
b) Wisst ihr was ich hasse? Wenn man mir Flüssigkeit einflößen will!
c) Die Reisenden rissen sich um die Nüsse.
d) Ich esse gerne Reis. Ich bin eben ein Genießer!
e) Ich kann es nicht fassen! Der Hund geht ins Wasser!
f) Er war immer fleißig, Müßiggang kannte er nicht.
g) Er konnte es nicht lassen, ständig küsste er sie.
h) Fast hätte ich mir den Fuß gebrochen!

9. a) Seid ihr alle da?
b) Seit vielen Jahren geht das schon so.
c) Kain und Abel waren Brüder.
d) Das ist kein Unterschied.
e) Träume sind nicht teuer.
f) Der Wecker klingt erbärmlich.
g) Quark mit Honig schmeckt richtig gut.

10. a) Er freute sich auf ein Wiedersehen.
b) Du hast es weggenommen, du musst es ihm auch wiedergeben!
c) Das schmeckt ja widerlich!
d) Eine Kuh ist ein Wiederkäuer.
e) Ich werde morgen wiederkommen.
f) Er war mein größter Widersacher.
g) Niemand muss die Klasse wiederholen.
h) Manchen Dingen muss man einfach widerstehen.

11. a) Pferde b) Vater c) Frieden d) Fenster e) Pharao f) Pfeife

12. a) kam, bin gekommen
b) traf, habe getroffen
c) gefiel, hat gefallen

Deutsch

→ Aufsatz

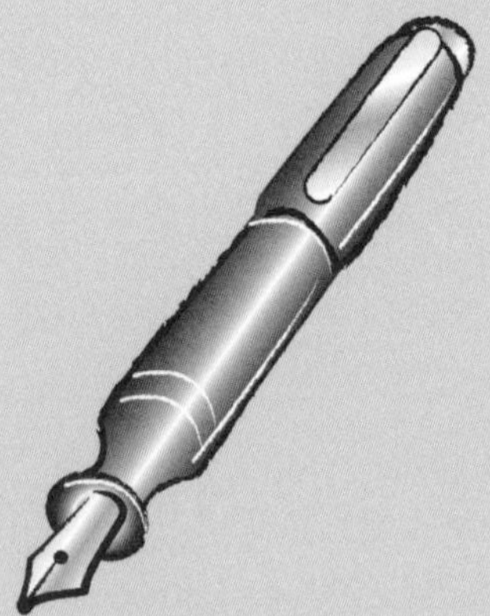

Wortschatz

Bevor du mit dem eigentlichen Schreiben anfangen kannst, solltest du dich – genau wie ein Sportler – zunächst gut aufwärmen. In den ersten drei Kapiteln findest du deshalb wichtige Regeln und viele Übungen zur Sprache und zum Aufbau einer Erzählung.

➔ REGEL
Ein guter Wortschatz verhindert Wiederholungen. Bemühe dich immer, **treffende** und **abwechslungsreiche Wörter** zu finden. Dann wird dein Text nie langweilig!

Beispiel: Es regnete und er schaute zum Fenster hinaus.
Besser: Gelangweilt starrte er durch das Fenster in den Regen hinaus.

TIPP Verwende viele bildhafte Adjektive (z. B. *eis-* oder *bitterkalt* statt *kalt*)! Auch Synonyme (also verschiedene Wörter mit der gleichen Bedeutung) können dir helfen, Wiederholungen zu vermeiden (*zittern – beben – bibbern* (ugs.))

Erschließe dir verschiedene Wortfelder, um treffend ausdrücken zu können, was du beschreiben willst, und um unschöne Wiederholungen zu vermeiden (*sehen*: *schauen, blicken, starren, beobachten, erkennen, betrachten, glotzen* (ugs.))!

➔ REGEL
Bilder und Vergleiche machen eine Erzählung spannend und interessant. Sie wecken die Fantasie des Lesers. Man erkennt sie daran, dass sie mit ***wie***, ***als*** oder ***als ob*** anfangen.

Beispiele: Sie war vor Zorn rot wie eine Tomate.
Sie fiel in Ohnmacht, als hätte sie der Blitz getroffen.
Sie lachten miteinander, als ob sie die besten Freunde wären.

Übungen

1. Verbinde die folgenden Wortbausteine durch Pfeile zu bildhaften Adjektiven!

blut	schwer
blei	klar
hunde	dürr
toten	finster
feder	leicht
spindel	blass
kristall	müde
stock	rot

2. Suche mindestens 10 Wörter zum Wortfeld *sagen*!

____

____

____

3. Schreibe die folgenden Wörter des Wortfelds *gehen* in die Tabelle!

laufen, schreiten, wandern, spazieren, gehen, rennen, stolpern, hüpfen, rasen, schlendern, schleichen, trampeln, joggen, stürmen, humpeln, hasten, trödeln, springen

langsames Gehen	schnelles Gehen	anderes Gehen

Übungen

4. Vervollständige die Sätze mithilfe der Wörter im Wortspeicher!

keinen Piep, in den Wind, auf der Zunge, verbrannt, mit der Sprache heraus, kein Blatt vor den Mund, wie ein Wasserfall

a) Jemand, der allen erzählt, wie es ihm geht, trägt sein Herz

____

b) Jemand, der immer schweigt, sagt ______________________________

c) Jemand, der nicht sagt, was los ist, rückt nicht

____

d) Einer, auf dessen Worte man nicht hört, redet ______________________________

e) Jemand, der dauernd spricht, redet ______________________________

f) Jemand, der Dinge ausplaudert und deshalb Schwierigkeiten bekommt, hat sich den Mund ______________________________

g) Jemand, der sich um die Reaktion seiner Zuhörer nicht kümmert, nimmt

____

5. Deine Sprache wird anschaulicher, wenn du mit bildhaften Redewendungen arbeitest. Setze die passenden Verben ein!

schlafen, kämpfen, schimpfen, brennen, sich freuen, schmelzen, zittern, glänzen

wie ein Löwe ______________________________

wie Gold ______________________________

______________________________ wie ein Schneekönig

wie Espenlaub ______________________________

wie ein Murmeltier ______________________________

wie Feuer ______________________________

wie ein Rohrspatz ______________________________

Lösungen

1. blutrot, bleischwer, hundemüde, totenblass, federleicht, spindeldürr, kristallklar, stockfinster

2. **Mögliche Lösung:**
sagen, reden, sprechen, flüstern, schreien, brüllen, lachen, wispern, murmeln, schwätzen, plappern, witzeln, fragen, antworten

Natürlich gibt es noch weitere Beispiele.

3.

langsames Gehen	schnelles Gehen	anderes Gehen
schreiten	laufen	wandern
spazieren	rennen	stolpern
gehen	rasen	hüpfen
schlendern	joggen	trampeln
schleichen	stürmen	humpeln
trödeln	hasten	springen

4.
a) ..., ... auf der Zunge.
b) ..., ... keinen Piep.
c) ..., ... mit der Sprache heraus.
d) ..., ... in den Wind.
e) ..., ... wie ein Wasserfall.
f) ..., ... verbrannt.
g) ..., ... kein Blatt vor den Mund.

5. wie ein Löwe kämpfen, wie Gold glänzen, sich freuen wie ein Schneekönig, wie Espenlaub zittern, wie ein Murmeltier schlafen, wie Feuer brennen, wie ein Rohrspatz schimpfen

Erzählschritte

Deine Geschichten werden dann gut, wenn du deinen Leser „bei der Stange hältst", das heißt, wenn du Schritt für Schritt die Spannung steigerst und sie bis zum Schluss aufrecht erhältst.

→ **REGEL**
Der Aufbau einer Erzählung erfolgt in drei großen Schritten: **Einleitung** – **Hauptteil** – **Schluss**. Die einzelnen Schritte werden durch Absätze voneinander getrennt.

Die Einleitung soll den Leser in das Geschehen einführen, also erklären, worum es in deiner Geschichte geht. Du musst den Ort und die Zeit angeben sowie die wichtigsten Personen vorstellen. Damit wird der Leser auf deine Geschichte neugierig gemacht.

Der Hauptteil ist der wichtigste Abschnitt des Aufsatzes. Hier steigert sich die Spannung bis zum Höhepunkt. Überlege dir genau, welche einzelnen Handlungsschritte Stufe für Stufe dahin führen.

Im Schluss einer Erzählung rundest du die Geschichte ab, indem du das Geschehen ausklingen lässt und zu einem Ende bringst.

Du steigerst das Interesse des Lesers zusätzlich, wenn du nicht nur die äußere Handlung, also das, was getan und gesagt wird, erwähnst, sondern wenn du auch die innere Handlung beschreibst.

→ **REGEL**
Die **innere Handlung** einer Geschichte besteht aus den **Gedanken** und **Gefühlen** der handelnden Personen, insbesondere des Icherzählers. Durch ihre Schilderung erhalten die Figuren deiner Erzählung einen **unverwechselbaren Charakter**.

Beispiel: Ich sah, wie die beiden Freunde mit den Wellen kämpften und überlegte, was ich tun sollte. „Soll ich hinterherspringen? Einfach das Boot des Fischers nehmen und aufs Meer hinausfahren?", ging es mir aufgeregt durch den Kopf.

Übungen

1. Hier sind die einzelnen Erzählschritte einer Einleitung durcheinander geraten. Bringe alle in die richtige Reihenfolge, indem du die Sätze durchnummerierst.

_____ Es hatte die ganze Nacht über ein starker Wind geweht und stundenlang geregnet. Auch an dem Tag, von dem ich erzählen will, war es recht stürmisch.

_____ Einige Tage nachdem wir angekommen waren, wurden wir Zeugen einer spannenden Rettungsaktion.

_____ Wollten die bei diesem Wind vielleicht aufs Meer hinausfahren? Das konnte ich mir nicht vorstellen. Draußen auf dem Wasser, wo man sonst alle möglichen Segel-, Tret- und Ruderboote, Schwimmer und Surfer beobachten konnte, war heute keine Menschenseele zu sehen.

_____ Die Wellen waren viel höher als während der letzten Tage, und am Strand, der sonst mit Badegästen voll war, befanden sich kaum Menschen. Mit meinem Vater und meinem Bruder war ich ans Ufer gegangen, aber nicht um zu baden, sondern um das Spektakel, das das Meer aufführte, zu erleben.

_____ Die vergangenen Sommerferien verbrachten wir in Italien am Meer. Wir, das sind meine Eltern, mein Bruder Lukas und ich.

_____ Einige Jungen in unserer Nähe machten sich an einem Surfbrett zu schaffen. Einer von ihnen, ein blonder, vielleicht 13-jähriger Junge, tat sich besonders hervor.

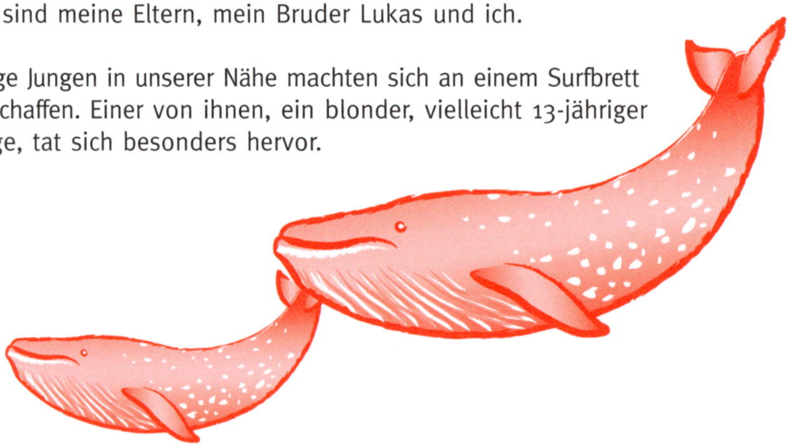

Übungen

2. Äußeres oder inneres Geschehen? Unterstreiche die Sätze und Halbsätze, in denen die innere Handlung dargestellt wird.

1. Es schneite und war sehr kalt. Ich fror und dachte: „So eine Hundekälte."
2. Ich fragte meinen Bruder: „Wie spät ist es?". Ich überlegte, wie viel Uhr es wohl sein mochte und dachte: „Hoffentlich komme ich nicht zu spät". So schnell ich konnte, lief ich in Richtung Schule.
3. „Wer konnte das sein?", überlegte ich. Ich blickte auf meine Armbanduhr und sah, dass es schon nach halb elf war. Mutter sagte: „Wer läutet denn um diese Zeit?" „Hoffentlich ist nichts passiert", dachte ich bei mir.
4. Plötzlich tauchten zwei Gestalten wie aus dem Nichts auf und ich war gespannt, was jetzt passieren würde.
5. Franziska stotterte und war ganz bleich im Gesicht, ihr war nicht wohl in ihrer Haut.

3. Was gehört wohin? Schreibe die Bestandteile der Erzählung jeweils in die richtige Spalte!

Höhepunkt, Ort und Zeit, Erzählschritte in richtiger zeitlicher und logischer Reihenfolge, Abschluss der Erzählung, handelnde Personen, Darstellung der Situation, Handlungsbeginn, Ansteigen der Spannungskurve, Lösung der Spannung, Ausklingen der Handlung

Einleitung	Hauptteil	Schluss

Lösungen

1. Die vergangenen Sommerferien verbrachten wir in Italien am Meer. Wir, das sind meine Eltern, mein Bruder Lukas und ich.
Einige Tage nachdem wir angekommen waren, wurden wir Zeugen einer spannenden Rettungsaktion.
Es hatte die ganze Nacht über ein starker Wind geweht und stundenlang geregnet. Auch an dem Tag, von dem ich erzählen will, war es recht stürmisch. Die Wellen waren viel höher als während der letzten Tage, und am Strand, der sonst mit Badegästen voll war, befanden sich kaum Menschen. Mit meinem Vater und meinem Bruder war ich ans Ufer gegangen, aber nicht um zu baden, sondern um das Spektakel, das das Meer aufführte, zu erleben.
Einige Jungen in unserer Nähe machten sich an einem Surfbrett zu schaffen. Einer von ihnen, ein blonder, vielleicht 13-jähriger Junge, tat sich besonders hervor. Wollten die bei diesem Wind vielleicht aufs Meer hinausfahren? Das konnte ich mir nicht vorstellen. Draußen auf dem Wasser, wo man sonst alle möglichen Segel-, Tret- und Ruderboote, Schwimmer und Surfer beobachten konnte, war heute keine Menschenseele zu sehen.

2. Es schneite und war sehr kalt. Ich fror und dachte: „So eine Hundekälte." Ich fragte meinen Bruder: „Wie spät ist es?". Ich überlegte, wie viel Uhr es wohl sein mochte und dachte: „Hoffentlich komme ich nicht zu spät". So schnell ich konnte, lief ich in Richtung Schule. „Wer konnte das sein?", überlegte ich. Ich blickte auf meine Armbanduhr und sah, dass es schon nach halb elf war. Mutter sagte: „Wer läutet denn um diese Zeit?". „Hoffentlich ist nichts passiert", dachte ich bei mir. Plötzlich tauchten zwei Gestalten wie aus dem Nichts auf und ich war gespannt, was jetzt passieren würde. Franziska stotterte und war ganz bleich im Gesicht, ihr war nicht wohl in ihrer Haut.

3. **Einleitung:** Ort und Zeit, handelnde Personen, Darstellung der Situation, Handlungsbeginn; **Hauptteil:** Höhepunkt, Erzählschritte in richtiger zeitlicher und logischer Reihenfolge, Ansteigen der Spannungskurve; **Schluss:** Abschluss der Erzählung, Lösung der Spannung, Ausklingen der Handlung

Erzählperspektive

Die Erzählperspektive bezeichnet die Sicht oder Perspektive der Person, aus der heraus eine Geschichte erzählt wird. Kannst du z. B. mit der Hauptfigur mitfühlen, dich mit ihr freuen oder mit ihr zusammen leiden? Oder lässt dich das Geschehen kalt und bleibst du beim Lesen nur ein neutraler Beobachter?

→ REGEL

Es gibt zwei Typen von Erzählern:

- Der **Icherzähler**: Er beschreibt das Geschehen nur aus seiner Sicht. Meistens nimmt er aktiv daran teil. Du erkennst den Icherzähler daran, dass er von sich in der 1. Person Singular, also in der *Ichform*, spricht.
- Der **allwissende Erzähler**: Er ist meist nicht an der Geschichte beteiligt. Trotzdem kennt er alle Gefühle und Gedanken jeder einzelnen Person.

Es gibt aber neben der Erzählperspektive noch weitere Mittel, um eine Geschichte für den Leser spannend zu machen:

1. Die wörtliche Rede
2. Das szenische (oder dramatische) Präsens

TIPP Verwende in der Erlebniserzählung viel wörtliche Rede! Dadurch kann sich der Leser besser in die Personen und die Handlung hineinversetzen. Vorsicht: Die wörtliche Rede (dazu zählen auch Gedanken) wird in Anführungszeichen gesetzt.

Beispiel: Sie wollte unbedingt bei diesem Abenteuer dabei sein, also fragte sie leise: „Darf ich mitkommen?“ „Sie ist doch ein Angsthase, das schafft sie nie!“, dachte ihr Bruder.

TIPP Wechsle am spannendsten Punkt deiner Geschichte vom Präteritum (= übliche Erzählzeit) ins szenische Präsens.

Beispiel: Das Wasser stieg immer weiter an. Doch was ist das? Das Bootsseil knarrt und da, plötzlich reißt es! Mir bleibt beinahe das Herz stehen. „Der Sturm wird den kleinen Kahn jetzt doch nicht auf das offene Meer hinaustreiben“, schießt es mir bange durch den Kopf.

Übungen

1. Der Anfang dieser Erlebniserzählung ist aus der Sicht eines allwissenden Erzählers geschrieben. Formuliere den kurzen Text so um, dass er aus der Sicht von Kai erzählt wird. Stelle dir vor, du bist Kai; erzähle also aus der Ichperspektive!

In den letzten Sommerferien fuhr Kai mit seinen Eltern an die Nordsee. Eines Morgens meinte sein Vater zu ihm: „Heute könnten wir doch ein Segelboot mieten, der Wind ist nicht zu stark und die Sonne meint es gut mit uns.“ Kai freute sich, packte schnell seine Badesachen ein und verabschiedete sich von seiner Mutter.

2. Unterstreiche in diesem kurzen Abschnitt die Stellen mit wörtlicher Rede!

„Wie siehst du denn aus?“, rief Simones Mutter entsetzt, als sie die Tür öffnete. Die Hose der Tochter war an beiden Beinen aufgerissen und an einem Ellbogen hatte sie eine ziemlich große Schürfwunde. „Rollsplitt“, brachte sie nur mühsam hervor, bevor sie in ihr Zimmer humpelte. Sie heulte vor Schmerzen. „Was ist denn passiert, um Himmels willen?“ Die Mutter beugte sich über Simone und strich ihr vorsichtig über den Kopf. „Ich wollte doch nur eine Abkürzung nehmen“, schniefte sie. „Und da kam plötzlich dieser Laster ...“

Übungen

3. Mache aus der folgenden Passage einen kurzen Dialog, indem du die wörtliche Rede verwendest.

Das Telefon klingelte. Martin nahm ab. Am anderen Ende war sein Freund Stefan, der ihn fragte, ob er mit zum Rodeln kommen wolle. Martins Mutter war nicht zu Hause und außerdem hatte er seine Hausaufgaben noch nicht fertig. Stefan drängelte aber und sagte, er fahre jetzt gleich und er treffe sich in einer halben Stunde mit Max und Felix am Schlittenberg. Martin überlegte und beschloss dann mitzukommen.

Martin: ____________________

Stefan: ____________________

____

Martin: ____________________

____

____

Stefan: ____________________

____

Martin: ____________________

____

4. Setze das passende Tempus ein! Achte dabei auf den Höhepunkt und verwende dort das szenische Präsens.

In aller Frühe __________ (sein) sie aufgebrochen. Es __________ (dämmern) und die Vögel __________ (zwitschern). Vergnügt __________ (gehen) sie los. Der Himmel __________ (strahlen) ...
Da __________ (sein) klar: Sie __________ (haben) sich verirrt!
Plötzlich __________ (werden) der Himmel ganz dunkel.
Dicke Regentropfen __________ (platschen) auf ihre Köpfe. Sie __________ (rennen) los. Da __________ (stolpern) Maria und __________ (schreien) auf. „Au, verdammt, es __________ (tun) so weh!“ Ihr Fuß __________ (schwellen) innerhalb von Sekunden bedrohlich an. Sie __________ (müssen) unbedingt Hilfe holen! Ronja und Markus __________ (rennen) ins Tal, Lukas __________ (bleiben) bei Maria ...

Lösungen

1. In den letzten Sommerferien fuhr ich mit meinen Eltern an die Nordsee. Eines Morgens meinte mein Vater zu mir: „Heute könnten wir doch ein Segelboot mieten, der Wind ist nicht zu stark und die Sonne meint es gut mit uns." Ich freute mich, packte schnell meine Badesachen ein und verabschiedete mich von meiner Mutter.

2. **Wörtliche Rede**: „Wie siehst du denn aus?", „Rollsplitt", „Was ist denn passiert, um Himmels willen?" „Ich wollte doch nur eine Abkürzung nehmen", „Und da kam plötzlich dieser Laster ..."

3. **Mögliche Lösung:**
Martin: „Hallo, hier spricht Martin Bornschläger."
Stefan: „Hi, Martin. Hier ist Stefan. Kommst du mit zum Rodeln?"
Martin: „Ach, ich bin noch nicht fertig mit den Hausaufgaben. Und außerdem muss ich auf meine Mutter warten."
Stefan: „In zwei Stunden wird es schon dunkel, dann hast du noch genug Zeit zum Lernen. Max und Felix gehen auch mit. Wir treffen uns in einer halben Stunde am Schlittenberg. Komm schon, der Schnee ist super!"
Martin: „Mmh, meinst du? Okay, ich hab sowieso keine Lust mehr hier rumzusitzen und zu warten. Also bis gleich."

4. In aller Frühe waren sie aufgebrochen. Es dämmerte und die Vögel zwitscherten. Vergnügt gingen sie los. Der Himmel strahlte ...
Da war klar: Sie hatten sich verirrt!
Plötzlich wird/wurde der Himmel ganz dunkel. Dicke Regentropfen platschen/platschten auf ihre Köpfe. Sie rennen/rannten los. Da stolpert Maria und schreit auf: „Au, verdammt, es tut so weh!" Ihr Fuß schwillt innerhalb von Sekunden bedrohlich an.
Sie mussten unbedingt Hilfe holen! Ronja und Markus rannten ins Tal, Lukas blieb bei Maria ...

Einen Erzählkern ausgestalten

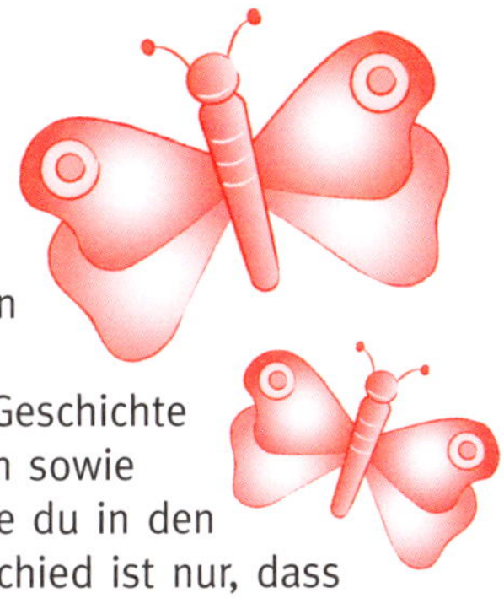

Für die Ausgestaltung eines Erzählkerns gelten die gleichen Regeln wie für das Verfassen einer Erlebniserzählung: Es kommt darauf an, eine spannende und unterhaltsame Geschichte zu verfassen und dabei auf den richtigen Aufbau zu achten sowie die spannungssteigernden Mittel geschickt einzusetzen, die du in den vorangegangenen Kapiteln kennengelernt hast. Der Unterschied ist nur, dass dir die Geschichte in groben Zügen bereits vorgegeben ist.

→ REGEL
Ein Erzählkern enthält in kurzer und knapper Form die wichtigsten Angaben zu **Ort, Zeit** und **Personen** einer Handlung. Das **Wesentliche** der Geschichte wird auf **sachliche Weise** mitgeteilt.

Beispiel: Der 13-jährige Benni wurde zum Lebensretter der vierjährigen Anna. Das Mädchen hatte am Ufer eines Sees Ball gespielt und bei dem Versuch, den Ball aus dem Wasser zu fischen, den Halt verloren und war in den See gefallen.

Der Schüler Benni K., der den Vorfall beobachtet hatte, sprang sofort hinterher und wurde auf diese Weise zum Lebensretter des Mädchens. Die Eltern der kleinen Anna, die später hinzukamen, nahmen ihr Kind überglücklich in die Arme und belohnten den jungen Retter großzügig.

So ähnlich wird der Text aussehen, den du zu bearbeiten hast. Es kann auch sein, dass du einen kurzen Zeitungstext bekommst. Zunächst einmal musst du den Ort und die Zeit, über die in unserem Fall keine Angaben gemacht wurden, so darstellen, dass der Leser die Atmosphäre des Vorfalls möglichst genau vor Augen hat.

TIPP Versetze dich also in die grob umrissene Situation hinein. Beschreibe die Atmosphäre und gehe auch auf die Gedanken und Gefühle der handelnden Personen ein. Im vorigen Kapitel hast du all diese Punkte unter dem Begriff innere Handlung schon kennengelernt.

Übungen

1. Wo befinden sich deiner Meinung nach bei der Geschichte vom Lebensretter Benni Einleitung, Hauptteil mit Höhepunkt und Schluss? Notiere in Stichpunkten!

Einleitung: ______________________________

____

____

Hauptteil: ______________________________

____

____

Höhepunkt: ______________________________

____

____

Schluss: ______________________________

____

____

2. Versuche, zu obigem Beispiel eine Einleitung zu formulieren. Du bist Benni, schreibe also in der Ichform!

Übungen

3. Pfiffige Freunde

Der Aufmerksamkeit zweier Freunde ist es zu verdanken, dass ein Banküberfall auf eine Filiale in der Nürnberger Innenstadt am letzten Dienstag schnell aufgeklärt werden konnte.
Ein maskierter und bewaffneter Bankräuber war kurz nach der Mittagspause in die Bankfiliale eingedrungen und hatte von den Bankangestellten etwa 70 000 Euro verlangt und bekommen. Den Vorfall beobachteten ein 13- und ein 14-jähriger Schüler, die gerade von der Schule kamen, durch die Schaufensterscheibe der Bank. Sie konnten sehen, wie der Täter das Gebäude verließ und mit seinem Auto flüchtete. Die Kinder notierten das Autokennzeichen und verständigten die Polizei.
Aufgrund ihrer Hinweise konnte der Täter noch am selben Tag festgenommen werden.

Welche Hinweise gibt dir der Erzählkern *Pfiffige Freunde* zu Ort, Zeit und Personen?

Ort: ____________________

Zeit: ____________________

Personen: ____________________

____

4. Würde man den Erzählkern aus Übung 3 ausformulieren, wo würde sich dann der Höhepunkt befinden? Notiere deine Antwort schriftlich. Aber Vorsicht, es gibt mehrere Möglichkeiten!

____

____

____

____

____

____

Lösungen

1. **Einleitung:** Mädchen spielt am See; Benni sieht, wie es ins Wasser fällt
Hauptteil: Anna wird gerettet
Höhepunkt: Benni holt das Mädchen aus dem Wasser
Schluss: Freude der Eltern, Belohnung für Benni

2. **Mögliche Lösung:**
An einem der letzten Novembertage des vergangenen Jahres ging ich mit meinen Freunden Peter und Marc zum Fußballspielen auf die Wiese beim Badesee. Es war neblig und kalt. Vor einigen Tagen hatte es das erste Mal in diesem Jahr geschneit. Marc trug sogar Mütze und Handschuhe. Als wir angekommen waren, ärgerten wir uns ein bisschen, weil einige kleinere Kinder vor uns da waren und auf unserer Wiese Ball spielten.

Natürlich wirst du einen anderen Text geschrieben haben. Wichtig ist, dass es dir gelungen ist, eine Einleitung zu formulieren, in der erklärt wird, wo und wann deine Geschichte spielt und wer die handelnden Personen sind. Überprüfe deine Lösung auf diese Punkte hin!

3. **Ort:** Bankfiliale in der Nürnberger Innenstadt
Zeit: letzter Dienstag nach der Mittagspause
Personen: ein 13- und ein 14-jähriger Schüler, ein maskierter und bewaffneter Bankräuber, Bankangestellte, Polizei

4. **Mögliche Höhepunkte:**
Wenn die Jungen sehen, wie der Bankräuber die Bankangestellten bedroht oder wenn der Bankräuber die Stadtsparkasse verlässt.

Eine Erzählung fortsetzen

Bei der Fortsetzung einer Erlebniserzählung führst du einen vorgegebenen Erzählanfang weiter.
Überlege dir genau, wer die Hauptperson ist. Vielleicht gibt es auch mehrere! Du musst die Geschichte so weitererzählen, dass kein Bruch entsteht, das heißt, dass die Leser nicht erkennen, von welcher Stelle an du geschrieben hast.

→ **REGEL**
Wenn du dich erst einmal **in** die **Handlung** und die **Figuren** der Geschichte **hineinversetzt**, fällt dir das Weiterschreiben leichter.

Bevor du anfängst, klärst du am besten zuerst folgende Fragen:

- Aus wessen Perspektive wird erzählt?
- Gibt es einen Icherzähler?
- An welcher Stelle ist ein Höhepunkt auszugestalten?
- Wie kannst du von dem vorgegebenen Erzählanfang aus auf diesen Höhepunkt zusteuern? – Welche Erzählschritte sind dafür nötig?
- Wie kannst du die Spannung aufbauen?
- Wo lässt sich am besten der Schluss setzen?

Erst wenn du dir über alle diese Dinge klar geworden bist und weißt, worauf deine Geschichte zusteuern soll, kannst du mit dem Schreiben beginnen. Denke immer daran, dass die Handlung auf dem vorgegebenen Anfang logisch aufbauen muss. Auch solltest du darauf achten, dass die Hauptfigur im Fortgang der Geschichte dieselben Charaktermerkmale besitzt, wie zu Beginn.

TIPP Unterstreiche alle für die Fortsetzung der Geschichte wichtigen Informationen, die das vorgegebene Textstück enthält, mit einem farbigen Stift, damit du sie beim Ausformulieren auch wirklich berücksichtigst: Wann und wo findet das Geschehen statt? Wer ist daran beteiligt? Was geschieht? Warum geschieht es? ...

Übungen

1. Stelle dir vor, du fährst morgen mit deiner Familie für drei Wochen in den Urlaub. An solch einem Abend ist natürlich eine Menge zu tun. Versuche zunächst nur mithilfe von Prädikaten zu erzählen, was an diesem Abend alles passieren könnte.
Entscheide vor dem Schreiben, ob ihr in die Berge oder ans Meer, in ein Hotel oder zum Zelten usw. fahrt!

Beispiel: *Packliste schreiben – Kleider rauslegen – Müll wegbringen*

2. Führe jetzt die folgenden Halbsätze – wieder zum Thema *Der Abend vor dem Urlaub* – zu Ende!

a) Mein Vater kam früher aus dem Büro nach Hause,

b) Meine Schwester und ich waren schon ganz aufgeregt,

c) Überall in der Wohnung lagen Taschen herum,

d) Auf meinem Bett türmte sich jede Menge Kleidung,

e) Ich hatte ziemlichen Hunger, aber das Abendessen

Übungen

3. Wie könnte die folgende Geschichte weitergehen? Schreibe sie zu Ende und achte dabei auf die innere Handlung!

Letzten Samstagabend gingen meine Eltern ins Kino, ich blieb allein zurück. Ich durfte noch ein bisschen lesen, sollte aber bald das Licht ausmachen. Sobald jedoch die Tür ins Schloss gefallen war, saß ich vor dem Fernseher. Irgendwann – ich war eingeschlafen, aber das Gerät lief noch – wurde ich von einem seltsamen Geräusch geweckt.

Lösungen

1. Mögliche Lösung:
Bücher und Kassetten heraussuchen – einpacken – Zimmer aufräumen – Taschen zum Auto bringen – einladen helfen – essen – Wecker stellen – schlafen

2. Mögliche Lösung:
a) ..., weil wir am nächsten Morgen schon sehr bald in Richtung Italien aufbrechen wollten.
b) ..., denn dies war unser erster Campingurlaub.
c) ..., und meine Mutter rannte hektisch zwischen den verschiedenen Zimmern umher.
d) ..., und ich wusste nicht, wie ich diesen Berg in meinen Koffer quetschen sollte.
e) ... fiel eher mager aus, weil der Kühlschrank schon komplett geleert war.

3. So könnte deine Geschichte weitergehen:

Ich richtete mich auf und lauschte – nichts. Als ich auf die Uhr sah, bekam ich einen Schreck. Schon nach elf! So beschloss ich, schleunigst ins Bett zu gehen, als ich plötzlich wieder das Geräusch hörte. Etwas wie ein Ziehen oder ein Kratzen. Ich stand im Wohnzimmer und unsere dunkle Wohnung kam mir merkwürdig fremd vor. Was konnte das sein? Bilder schossen mir durch den Kopf, die ich in vielen Krimis gesehen hatte.
Das Kratzen war wieder da, es klang, als ob jemand im Keller die schwere Truhe verschieben würde. Ich rief: „Hallo?“ und „Ist da jemand?“, erhielt aber keine Antwort. Also nahm ich meinen ganzen Mut zusammen und ging zur Kellertür. Vorsichtig und so leise wie möglich horchte ich an der verschlossenen Türe. Ich rief wieder, aber nichts rührte sich. Da öffnete ich zaghaft die Türe und was sah ich? Unsere Katze, die aus Versehen eingesperrt worden war und an der Türe kratzte, um auf sich aufmerksam zu machen! Heilfroh packte ich Mizzi, verschloss den Keller und nahm sie mit zu mir ins Bett. Das einzige Geräusch, das ich jetzt noch hörte, war ihr zufriedenes Schnurren.

Die Reizwortgeschichte

Auch bei der Reizwortgeschichte geht es darum, eine Erlebniserzählung zu verfassen.

→ REGEL

Bei einer Reizwortgeschichte musst du drei bis vier **vorgegebene Wörter** so miteinander **verknüpfen**, dass eine logisch aufgebaute und spannende Geschichte entsteht.
Bei den Begriffen handelt es sich normalerweise um **aussagekräftige Wörter**, die deine Fantasie anregen und dir somit einen **Anreiz zum Schreiben** geben sollen.

Beispiel: **Schwimmen – Gewitter – Wasserwacht**

Wenn du zu den Wörtern *Schwimmen – Gewitter – Wasserwacht* eine Geschichte schreiben sollst, dann musst du allerdings zuerst einmal eine Erzählidee finden. Überlege daher, was dir spontan zu den vorgegebenen Begriffen einfällt.

Schwimmen: Wer schwimmt wo? (Ort? Personen?)

Gewitter: Wahrscheinlich spielt die Geschichte im Sommer. Wie sieht der Himmel aus (Blitze? Donner? Wolken?)? Gibt es Regen und Wind? Ist das Rauschen in den umstehenden Bäumen zu hören? Spiegeln sich die Blitze im Wasser?

Wasserwacht: Müssen Personen gerettet werden? Wer? Du? Dein Freund? Oder hast du die Wasserwacht informiert, weil jemand fast ertrunken wäre oder weil ein Schiff gekentert ist? Die Geschichte muss also an einem See oder am Meer spielen, denn in einem Schwimmbad gibt es nur Bademeister, aber keine Wasserwacht.

Wenn du nun weißt, was du mit deinen Begriffen anfangen willst, kannst du dir überlegen, wie du die Einleitung, den Hauptteil mit Höhepunkt und den Schluss gestalten willst.

TIPP Wenn aus der Themenstellung nicht hervorgeht, wer der Erzähler sein soll, ist es meist am einfachsten, wenn du in der Ichform schreibst.

Übungen

1. Überlege dir zu jedem der Reizwörter einige Stichpunkte, die dir dann beim Erzählen der Geschichte helfen können.

Schnarchen – Bellen – Schreien – Feuerwehr

Schnarchen: __________

Bellen: __________

Schreien: __________

Feuerwehr: __________

2. Reizwörter können auch kurze Sätze oder Halbsätze sein. Versuche zu folgenden Reizwortgruppen eine kurze Geschichte zu erzählen, die etwa so lang wie ein Erzählkern ist.

Lehrerin gibt Mathetest zurück – Gleich bin ich an der Reihe – Feueralarm

Übungen

3. Suche zu folgenden Reizwörtern möglichst viele passende Verben.
Zu jedem Reizwort hast du bereits eine Vorgabe bekommen.

Fußball – Glasscheibe – Lehrer

Fußball: spielen,

Glasscheibe: zerspringen,

Lehrer: schimpfen,

Lösungen

1. **Mögliche Lösung:**
Schnarchen: Wer schnarcht? Menschen? Wann? Wahrscheinlich spielt die Geschichte nachts.
Bellen: Wer bellt? Der Hund des Schlafenden? Warum bellt er? Vielleicht, weil ein Feuer ausgebrochen ist? Weckt er mit seinem Bellen seine Besitzer?
Schreien: Wer schreit? Die Besitzer des Hundes, weil sie das Feuer bemerken? Die Nachbarn? Das Kind der Hundebesitzer, weil es aus dem Schlaf gerissen wurde? Hat jemand Angst?
Feuerwehr: Warum kommt sie? Wahrscheinlich wurde sie von den Hundebesitzern informiert, nachdem sie das Feuer bemerkt hatten.

2. Letzten Donnerstag hatte ich in der dritten Stunde vor der Pause Mathematik. Die Rückgabe des Mathetests stand an. Ich hatte Angst vor dem Ergebnis, denn ich war kaum vorbereitet gewesen, brauchte aber unbedingt eine gute Note. Die Lehrerin teilte die Arbeiten wie immer in der Reihenfolge des Alphabets aus und mein Pech oder Glück war, dass ich Zinke heiße, also fast immer ganz am Ende an der Reihe bin. „Weber“, gleich würde sie meinen Namen aufrufen. Da klingelt es: Feueralarm! Alle verließen schnell das Zimmer, die Entscheidung war also auf den nächsten Tag verschoben.

3. **Fußball:** spielen, rufen, treffen, laufen, dribbeln, schießen, schreien, umarmen, jubeln, tricksen, foulen
Glasscheibe: zerspringen, klirren, kaputtgehen, kaputt machen, splittern, treffen
Lehrer: schimpfen, ermahnen, schreien, herbeilaufen, sich ärgern, (an)drohen, bestrafen

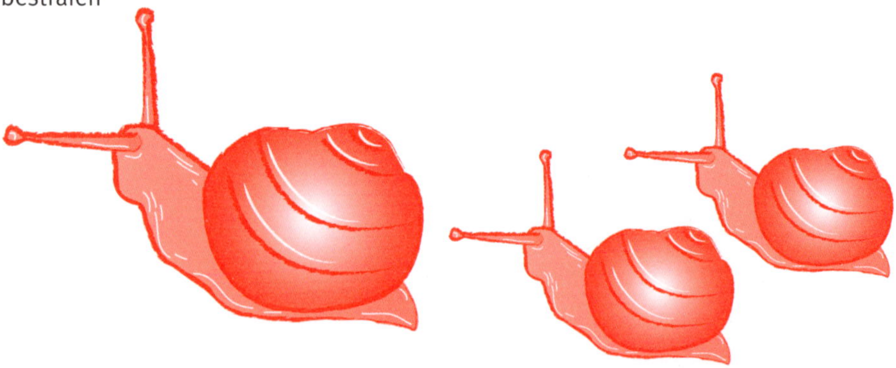

Erzählung – Bericht (ein Vergleich)

Während man bei einer Erlebniserzählung so schreiben soll, dass die Leser auf spannende Art unterhalten werden, kommt es beim Bericht darauf an, möglichst genau zu informieren. Ein Bericht kann für Medien wie Zeitung oder Fernsehen geschrieben werden, aber auch für eine Behörde wie die Polizei.

→ REGEL

Ein Bericht dient der **Information** und wird deshalb im **Sachstil** geschrieben. Sachstil bedeutet: Du berichtest **kurz**, **knapp** und **sachlich** über ein vergangenes Ereignis. Dabei spielen nur die **Tatsachen** eine Rolle.

Anders als bei der Erlebniserzählung kommt es hier also nicht auf die Darstellung der inneren Handlung an, sondern nur auf das äußere Geschehen, also auf das, was tatsächlich passiert ist.

→ REGEL

Damit du deine Leser über alle Tatsachen informieren kannst, musst du in deinem Text die sechs **W-Fragen** beantworten:
Was *ist passiert?*
Wer *ist beteiligt?*
Wann *ist es geschehen?*
Wo *ist es geschehen?*
Wie *ist es passiert?*
Welche Folgen *hatte das Geschehen?*

Genau wie eine Erlebniserzählung besteht der Bericht aus drei Teilen, der Einleitung, dem Hauptteil (allerdings ohne den dramatischen Höhepunkt) und dem Schluss. In der Einleitung gibst du einen kurzen Überblick über das Geschehen und beantwortest damit die ersten vier W-Fragen. Im Hauptteil stellst du kurz dar, auf welche Weise es sich ereignet hat und im Schluss gehst du auf die Folgen des Geschehens ein.

Anders als bei der Erlebniserzählung verwendest du nicht die wörtliche, sondern die indirekte Rede. Die Zeit, in der du berichtest, ist das Präteritum.

Übungen

1. Im Folgenden findest du einen Zeitungsbericht. Stelle fest, welche Antworten er auf die W-Fragen gibt!

Tiger entlaufen!

Spaziergänger haben am vergangenen Samstag am Flussufer des Mains, 20 Kilometer westlich von Würzburg, einen Tiger gesichtet. Dem Tier gelang es, einem in der Nähe gastierenden Zirkus während der Proben zu entfliehen. In dem betroffenen Gebiet wird um erhöhte Vorsicht gebeten. Kinder sollten nicht unbeaufsichtigt im Freien spielen, Erwachsene sollten bis auf Weiteres auf Spaziergänge verzichten. Polizei und Feuerwehr fahnden nach dem entlaufenen Tier und bitten um sachdienliche Hinweise unter Telefon: 0931/...

Was ist passiert? ______________________________

____

Wer ist beteiligt? ______________________________

____

Wann ist es geschehen? ______________________________

____

Wo ist es geschehen? ______________________________

____

Wie ist es passiert? ______________________________

____

Welche Folgen hatte das Geschehen? ______________

____

____

____

____

____

Übungen

2. Ordne die folgenden Merkmale von Bericht und Erlebniserzählung in die Tabelle ein!

keine wörtliche Rede, Versicherung, Präteritum, ausdrucksstarke Sprache, Information, Zeitungsleser, Bekannte, innere Handlung, Präteritum und szenisches Präsens, sachlich, Unterhaltung, Behörde, Polizei, Leser einer Erzählung, genaue Darstellung eines Geschehens, knapp, Vergleiche, Fernsehzuschauer, Freunde, spannende Erzählung eines Erlebnisses

	Bericht	Erlebniserzählung
Zweck des Textes		
Adressat		
Inhalt		
Sprachstil		
Tempus		

Lösungen

1. **Was** ist passiert? Ein Tiger ist entlaufen.
Wer ist beteiligt? Tiger und Spaziergänger.
Wann ist es geschehen? Am vergangenen Samstag.
Wo ist es geschehen? Am Flussufer des Mains 20 Kilometer westlich von Würzburg.
Wie ist es passiert? Der Tiger ist während der Proben zu einer Aufführung einem Zirkus entflohen.
Welche Folgen hatte das Geschehen? Polizei und Feuerwehr fahnden nach dem entlaufenen Tier.

2.

	Bericht	**Erlebniserzählung**
Zweck des Textes	Information	Unterhaltung
Adressat	Behörde, Polizei, Versicherung, Zeitungsleser, Fernsehzuschauer	Freunde, Bekannte, Leser einer Erzählung
Inhalt	genaue Darstellung eines Geschehens	spannende Erzählung eines Erlebnisses
Sprachstil	knapp, sachlich, keine wörtliche Rede	innere Handlung, Vergleiche, ausdrucksstarke Sprache
Tempus	Präteritum	Präteritum und szenisches Präsens

Der Unfall- und Polizeibericht

Ein Bericht über einen Unfall muss sehr sorgfältig verfasst werden, denn oft dient diese Art des Berichts dazu, Versicherungsfragen zu klären, wie beispielsweise die folgenden:
Wer war schuld an dem Unfall? Wer muss bei Schadensfällen wie viel bezahlen?
Deshalb brauchen Polizei und Versicherungen eine möglichst genaue Darstellung des Unfallhergangs.

→ REGEL
Der Bericht muss den Hergang eines Unfalls, Überfalls oder Diebstahls ganz exakt und in allen Einzelheiten wiedergeben. Besonders wichtig sind hier **genaue Angaben** zu den Namen der beteiligten Personen, zu Kennzeichen und Farbe der Autos, zu Straßennamen, Wochentag, Uhrzeit usw.

TIPP Mache dir einen Stichwortzettel mit den wichtigsten Angaben, bevor du deinen Bericht verfasst! Wenn du dir über einen Sachverhalt unsicher bist, lasse diese Angabe lieber weg!

Beispiel: Mittwoch, 5. September 2009, um 15.30 Uhr
Ecke Aberle-/Oberländerstr., Zusammenstoß zwischen Mofafahrer und Cabriolet

→ REGEL
Die **eigene Meinung** des Verfassers darf **niemals** in einem **Polizei-** oder **Unfallbericht** auftauchen!

Ob du findest, dass der Autofahrer zu schnell gefahren ist oder nicht, spielt in einem Bericht keine Rolle.

Ausschmückende oder gefühlsbetonte Wörter wie *total, völlig, plötzlich, auf einmal, leider* usw. gehören nicht in einen Bericht!
Meide auch Füllwörter wie *vielleicht, ziemlich, einigermaßen* oder Sätze wie *„Ich weiß nicht genau, ...“*, *„Ich bin mir nicht sicher, ...“*.

Übungen

1. Trenne unwichtige von wichtigen Informationen!

Einige Schüler der Klasse 6a des Kaspar-Hauser-Gymnasiums sind vor Beginn des Unterrichts Zeugen eines Ereignisses geworden und erzählen davon in der Klasse.

1. „Der Bus ist früher gekommen und da haben wir uns gedacht, dass wir vor dem Unterricht noch Fußball spielen können ..."
2. „Aber wir sind nicht schuld."
3. „Nee, das waren die aus der Parallelklasse, der Thomas hat geschossen. Von uns haben nur ein paar Leute dabeigestanden."
4. „Ja, und da ist die Scheibe kaputt gegangen."
5. „Obwohl der doch so gut Fußball spielen kann, der spielt ja im Verein."
6. „Ja, als Stürmer, der hat auch ein Supertrikot."
7. „Auf jeden Fall hat der Thomas geschossen, weil der Johannes den Ball nicht mehr gekriegt hat und keiner frei stand zum Abgeben und da hat er draufgehalten und da ist der Schuss danebengegangen und voll ins Fenster rein."
8. „Und der Johannes hat vor lauter Wut, dass er den Ball nicht mehr bekommen hat, ganz laut geschrien."
9. „Ja, dabei hat der Thomas von ganz hinten geschossen, ein Weitschuss bis zum Klassenzimmerfenster, da hat's geklirrt und gescheppert und alle haben gleich gewusst, das gibt Ärger."
10. „Wer hatte auch die blöde Idee, das Tor genau vorm Fenster aufzubauen?"
11. „Und dann sind wir weggerannt."

Um daraus einen Bericht zu machen, müssen erst einmal die wichtigen von den überflüssigen Informationen getrennt werden. Unterstreiche alle Sätze oder Teilsätze, die dir wichtig erscheinen, mit einem farbigen Stift!

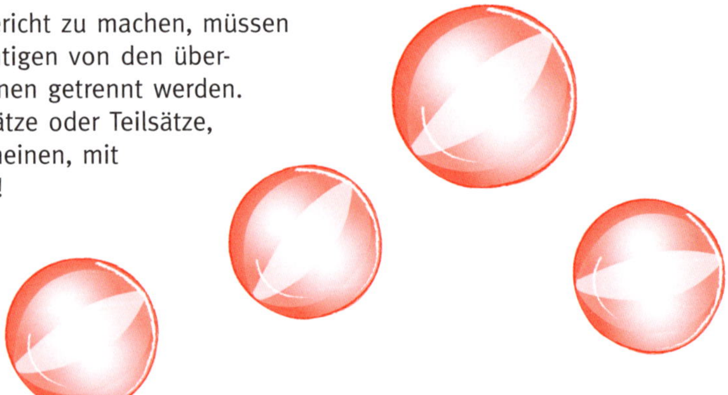

Übungen

2. Nach einigem Hin und Her formuliert die Klasse gemeinsam mit ihrer Lehrerin folgenden Bericht. Allerdings sind die Sätze durcheinander geraten und du musst sie wieder in die richtige Reihenfolge bringen. Nummeriere sie dazu!

_____ Direkt dahinter liegt das Klassenzimmer 011 der 9a.

_____ Aus dieser Auseinandersetzung ging Thomas als Sieger hervor.

_____ Die Scheibe ging sofort zu Bruch.

_____ Zu dem Vorfall kam es, weil vor dem Unterricht einige Schüler der 6. Klassen mit einem Lederball im Pausenhof Fußball gespielt hatten.

_____ Dabei hatten sie das Tor vor der Hecke an der Westseite des Schulhofes aufgebaut.

_____ Zeugen waren einige Mitschüler der Klassen 6a und 6b.

_____ David stand im Tor, Thomas und Johannes kämpften um den Ballbesitz.

_____ Am Dienstag, den 20. November 2009, ging gegen 7.45 Uhr im Schulhof des Kaspar-Hauser-Gymnasiums durch den Schuss des Schülers Thomas A. eine Fensterscheibe des Klassenzimmers 011 zu Bruch.

_____ Er stürmte und zielte auf das Tor, verfehlte es jedoch bei seinem Fernschuss um etwa einen Meter, sodass der Ball die dahinter liegende Fensterscheibe des Raums 011 traf.

Lösungen

1. Diese Sätze oder Teilsätze solltest du unterstrichen haben:

1. ... vor dem Unterricht noch Fußball spielen ...
2. –
3. ... das waren die aus der Parallelklasse, Thomas hat geschossen. Von uns haben ein paar Leute dabeigestanden.
4. Scheibe kaputt gegangen
5. –
6. –
7. ... Thomas geschossen ... Schuss danebengegangen und ins Fenster ...
8. –
9. ... Thomas von ganz hinten geschossen, ein Weitschuss bis zum Klassenzimmerfenster
10. ... das Tor genau vorm Fenster aufzubauen?
11. –

2.

1. Am Dienstag, den 20. November 2009, ging gegen 7.45 Uhr im Schulhof des Kaspar-Hauser-Gymnasiums durch den Schuss des Schülers Thomas A. eine Fensterscheibe des Klassenzimmers 011 zu Bruch.
2. Zu dem Vorfall kam es, weil vor dem Unterricht einige Schüler der 6. Klassen mit einem Lederball im Pausenhof Fußball gespielt hatten.
3. Dabei hatten sie das Tor vor der Hecke an der Westseite des Schulhofes aufgebaut.
4. Direkt dahinter liegt das Klassenzimmer 011 der Klasse 9a.
5. David stand im Tor, Thomas und Johannes kämpften um den Ballbesitz.
6. Aus dieser Auseinandersetzung ging Thomas als Sieger hervor.
7. Er stürmte und zielte auf das Tor, verfehlte es jedoch bei seinem Fernschuss um etwa einen Meter, sodass der Ball die dahinter liegende Fensterscheibe des Raums 011 traf.
8. Die Scheibe ging sofort zu Bruch.
9. Zeugen waren einige Mitschüler der Klassen 6a und 6b.

Der Zeitungsbericht

Ein Zeitungsbericht unterscheidet sich vom Polizei- und Unfallbericht in erster Linie durch den Empfänger. Er wird nicht für offizielle Stellen verfasst, sondern richtet sich an ein breites Lesepublikum. Eine Zeitung berichtet natürlich auch über Unglücksfälle, aber wichtiger sind politische und kulturelle Ereignisse, Sport- und Wirtschaftsthemen usw.

→ **REGEL**
Der **Zeitungsbericht** will den Leser in den meisten Fällen über ein vergangenes Geschehen **informieren**.

TIPP Das Verb *informieren* kommt aus dem Lateinischen und bedeutet *benachrichtigen, Auskunft geben* und *unterrichten*.

Beispiel: **Bericht aus einer Schülerzeitung**

Eröffnung des Schulcafés

Am 15. Mai 2009 konnte nach langem Warten endlich unser Schulcafé eröffnet werden. Zu der Einweihungsfeier erschienen viele Lehrer, Eltern und Schüler. Besonders dem Elternbeirat ist es zu verdanken, dass die Idee in die Tat umgesetzt wurde. Er stand uns beim Aufbau der Küche zur Seite und organisierte ein üppiges Büffet. Für musikalische Begleitung sorgte die Jazzband.
Das Schulcafé ist allen Schülern und Lehrern in den Pausen und Freistunden frei zugänglich. An der Theke werden günstige Getränke, Pizza, Salate und Sandwiches ausgegeben. Darüber hinaus bietet das Schulcafé auch Möglichkeiten für außerunterrichtliche Aktivitäten, wie z. B. Feste oder kulturelle Veranstaltungen.

TIPP Der Zeitungsbericht muss klar, logisch und für jedermann verständlich sein, der die Zeitung liest. Achte also auch auf die richtige zeitliche Reihenfolge.

Übungen

1. Am 23. Oktober nimmst du mit deiner Klasse am Wandertag der Schule teil. Bereits am 22. Oktober bittet dich deine Lehrerin, einen kurzen Artikel für die Schülerzeitung zu verfassen. Du packst dir also einen Notizblock in deinen Rucksack und machst dir während des Ausflugs folgende Stichpunkte:

Dienstag, 23. Oktober – Wandertag der Klasse 6d mit unserer Klassenlehrerin Frau Dellmann – Treffpunkt Hauptbahnhof 7.45 Uhr – Abfahrt Hauptbahnhof 7.55 Uhr – Ankunft Starnberg 8.35 Uhr – weiter zu Fuß bis Schloss Berg, dort kurze Rast bis 10 Uhr – weiter nach Leoni, dort Spiele bis um halb eins – mit dem Dampfer dann zurück nach Starnberg, Ankunft um 13.30 Uhr – wieder nach München mit der S-Bahn, Ankunft Hauptbahnhof um kurz nach 15 Uhr

Verfasse nun für die Schülerzeitung anhand deiner Stichpunkte den Einleitungssatz zu dem gewünschten Artikel.

2. Wem berichtet Lola zu welchem Zweck?

Lola und Jenny geraten während der Pause in Streit. Im Laufe der Auseinandersetzung kommt es zu Handgreiflichkeiten, sodass Lola schließlich stürzt und sich Schürfwunden am Ellbogen und am Knie zuzieht.
Dem Lehrer, der Pausenaufsicht hat, **berichtet** sie von dem Streit.
Er schickt sie zum Schularzt, dem Lola ebenfalls von der Auseinandersetzung **berichtet**. Als sie mit einem Verband an Arm und Knie nach Hause kommt, **berichtet** Lola ihren Eltern, was vorgefallen ist. Am nächsten Tag treffen sich Lola und Jenny mit dem Vertrauenslehrer um ihren Streit beizulegen. Beide **berichten** dort, wie es zu dem Streit gekommen ist.

Übungen

Verbinde die Nummern mit den zugehörigen Buchstaben und trage die richtigen Paare in die unten stehende Zeile ein!

1. Lola berichtet dem Lehrer,
2. Lola berichtet dem Arzt,
3. Lola berichtet den Eltern,
4. Lola berichtet dem Vertrauenslehrer,

a. damit er sich aufgrund der Darstellung des Ablaufs ein Bild von möglichen Verletzungen machen kann.
b. um sie über das Geschehen zu informieren.
c. damit es durch eine möglichst sachliche Darstellung des Ablaufs zu einer Einigung kommen kann.
d. damit er aufgrund der genauen Darstellung des Ablaufs die Frage nach der Schuld klären kann.

____

3. Der Zeitungsreporter Walter K. wurde heute Morgen Zeuge eines Unfalls. Auf einige Zettel machte er sich Notizen. Leider sind im Büro die Blätter durcheinandergeraten. Ordne sie und schreibe den Bericht!

Mittwoch, 21. Juni 2009, um 7.25 Uhr; Lisa: leichte Schürfwunden an Ellbogen und Knien; Katze gerät ihr zwischen die Räder, sie fliegt über den Lenker; Unfall Ecke Lindenschmit-/Aberlestraße; von rechts aus der Aberlestraße springt plötzlich eine Katze von einer Mauer; Zeugin: eine Nachbarin, die die Eltern informiert; Katze sehr verwirrt, aber nicht verletzt; zwölfjähriges Mädchen Lisa auf der Vorfahrtsstraße

____

____

____

____

____

____

____

Lösungen

1. **Mögliche Lösung:**
Am Dienstag, 23. Oktober, unternahm die Klasse 6d gemeinsam mit der Klassenlehrerin, Frau Dellmann, einen Ausflug zum Starnberger See.

2. 1d; 2a; 3b; 4c

3. **Mögliche Lösung:**
Am Mittwoch, 21. Juni 2009, stieß an der Ecke Lindenschmit-/ Aberlestraße um 7.25 Uhr eine Radfahrerin mit einer Katze zusammen. Die zwölfjährige Lisa war auf dem Weg zur Schule. Sie befand sich auf der Vorfahrtsstraße, als plötzlich von rechts aus der Aberlestraße eine Katze von einer Mauer herabsprang. Sie streifte Lisas Vorderrad und das Mädchen wurde im nächsten Moment über den Lenker auf die Straße geschleudert. Sie erlitt leichte Schürfwunden an Ellbogen und Knien. Die Katze kam mit dem Schrecken davon. Eine Nachbarin, die den Zusammenstoß beobachtet hatte, verständigte Lisas Eltern.

Vorgangs-beschreibung: das Kochrezept

Bei der Beschreibung kommt es – ähnlich wie bei einem Bericht – darauf an, dass sie möglichst genau und sachlich abgefasst ist. Allerdings geht es hier um einen wiederholbaren Vorgang. Du musst sehr anschaulich schreiben, damit die Leser sich vorstellen können, wie der Vorgang funktioniert. Der Ablauf, den du beschreibst, muss nachvollziehbar und wiederholbar sein.

→ **REGEL**

Vorgangsbeschreibungen informieren in einer klaren und verständlichen Sprache sachlich und genau darüber, **wie** etwas **funktioniert** oder **gemacht wird**.

→ **REGEL**

Vorgangsbeschreibungen stehen immer im **Präsens**, weil diese Zeitform zum Ausdruck bringt, dass etwas immer wieder gleichermaßen gültig ist. Sie enthalten nur **wichtige Angaben**, die in **logischer Reihenfolge** aufgeführt sind. Meistens sind sie in **einzelne Arbeitsschritte** gegliedert.

Achte darauf, dass du trotz der geforderten Kürze nichts Wichtiges vergisst. Versuche daher, möglichst treffende Verben zu finden! Auf diese Weise schaffst du es auch, die einzelnen Schritte eindeutig und unmissverständlich zu beschreiben.

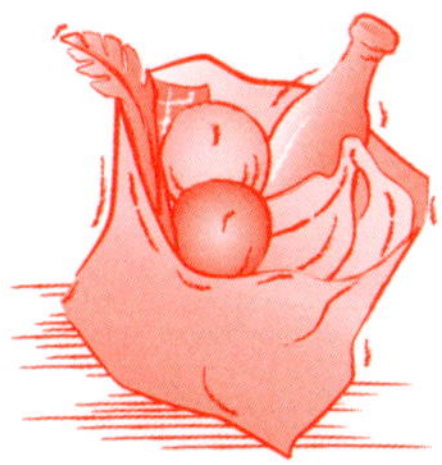

TIPP Vorgangsbeschreibungen arbeiten oft mit Fachbegriffen. Achte darauf, ob du sie verstehst! Wenn nicht, frage jemanden oder schlage im Wörterbuch nach, bevor du loslegst.

Jedes Kochrezept beginnt übrigens mit einer Zutatenliste. Erst im Anschluss daran folgen die einzelnen Zubereitungsschritte und weitere Angaben.

Übungen

1. Rezept für Pfannkuchen

Du brauchst:

2 Eigelb
1/2 Liter Milch
1 Prise Salz
1 Päckchen Vanillezucker
125 g Mehl
1 Teelöffel Backpulver
2 Eiweiß
100 g Butter oder Margarine

1. Zunächst musst du die beiden Eier trennen.
2. Anschließend gibst du die 2 Eigelb, die Milch, das Salz, das Mehl und das Backpulver in eine Schüssel und verrührst diese Zutaten mit dem Schneebesen so lange, bis du eine glatte Masse – ohne Klumpen – erhältst.
3. Dann schlägst du das Eiweiß in einem Rührbecher steif und hebst es vorsichtig unter den Teig.
4. Stelle eine Pfanne auf den Herd und erhitze die Butter (oder Margarine) darin, bis sie zerlaufen ist.
5. Jetzt gießt du mit einer Schöpfkelle Teig in die Pfanne. Schwenke die Pfanne ein paar Mal, damit der Teig sich gleichmäßig verteilt.
6. Wende den Pfannkuchen, wenn er an den Seiten bräunlich ist, und lasse ihn von der anderen Seite garen.

Welche Arbeitsmittel brauchst du für das obige Rezept?

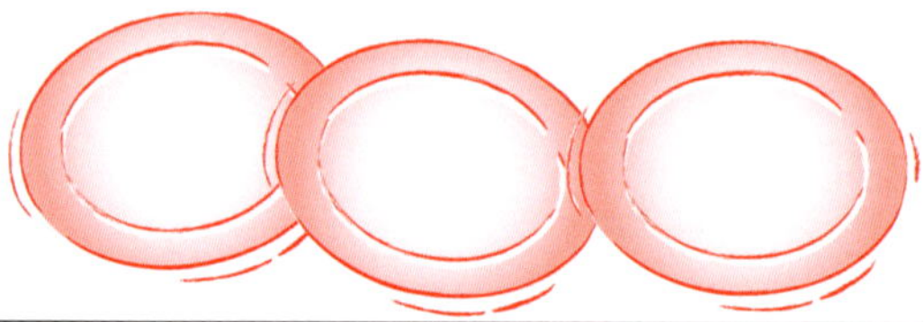

Übungen

2. Abwechslungsreich formulieren: Welche Synonyme findest du?

a) Ich bereite die Nachspeise zu, *in der Zwischenzeit* / ________________ /
________________ / ________________ / ________________ kochen die Nudeln.

b) Für die Hackfleischsoße brate ich zunächst die Zwiebeln an, *dann* /
________________ / ________________ / ________________ / ________________ /
________________ gebe ich das Fleisch in die Pfanne.

c) *Schließlich* / ________________ / ________________ / ________________
füge ich das Tomatenmark hinzu.

3. Hier sind die Arbeitsschritte durcheinander geraten. Wenn du sie in die richtige Reihenfolge gebracht hast, erhältst du ein weiteres Rezept! Weißt du, welches?

Abgetropften Thunfisch und Tomatenscheiben auf die Toasts legen.
Mit Käsescheiben bedecken.
Toastbrot im Toaster rösten.
Das Blech auf die mittlere Schiene in den Ofen geben und bei 225 °C etwa 4–5 Minuten backen.
Die getoasteten Scheiben mit Butter bestreichen und auf ein Backblech legen.

Lösungen

1. Schüssel, Mixer oder Schneebesen, Rührbecher, Pfanne, Schöpfkelle, Schieber

2. **Mögliche Lösung:**
a) inzwischen, währenddessen, zugleich, gleichzeitig
b) danach, anschließend, daraufhin, hierauf, im Anschluss daran
c) Letztendlich, Zum Abschluss, Am Ende

3. Rezept für **Thunfischtoast**

Toastbrot im Toaster rösten.

Die getoasteten Scheiben mit Butter bestreichen und auf ein Backblech legen.

Abgetropften Thunfisch und Tomatenscheiben auf die Toasts legen.

Mit Käsescheiben bedecken.

Das Blech auf die mittlere Schiene in den Ofen geben und bei 225 °C etwa 4–5 Minuten backen.

Die Wegbeschreibung

Eine Wegbeschreibung kann eine ziemlich komplizierte Sache sein. Und doch braucht man sie häufig, z. B. wenn sich ein Gast in deiner Stadt überhaupt nicht auskennt. Hier kommt es besonders darauf an, klar und verständlich zu formulieren, denn sonst wird sich derjenige, der sich an deiner Wegbeschreibung orientiert, wahrscheinlich verlaufen.

→ REGEL
Beschreibe immer den **kürzesten** und **einfachsten** Weg. Vermeide überflüssige Details, die den anderen verwirren könnten.

Beispiel: Umständlich: Wenn du dreimal eine Straße mit Ampeln überquert hast, kommt irgendwann die Lindenstraße, in die du reinfahren musst.
Einfach und klar: Biege an der 3. Ampel rechts in die Lindenstraße ein.

Leider ist der kürzeste Weg nicht immer auch der einfachste. Sollte dies der Fall sein, ist es sicherer, den einfacheren Weg zu erklären.

→ REGEL
Gib viele **markante Orientierungspunkte** an, die der Suchende leicht finden kann (z. B. Kirchen, auffällige Gebäude, Geschäfte). Für eine gute Wegbeschreibung brauchst du **Adverbien des Ortes** (*links*, *hier*, *dort*, *rechts*), **Adverbien der Richtung** (*hinüber*, *gegenüber*, *geradeaus*) und **Präpositionen** (*auf*, *in*, *neben*, *unter*).

TIPP Adverbien und Präpositionen werden leicht miteinander verwechselt. Merke dir also: Adverbien können alleine stehen, Präpositionen ziehen immer einen Fall (Genitiv, Dativ oder Akkusativ) nach sich.

Beispiel:	Susanne wohnt hier.	(Adverb)
	Neben ihr wohnt Markus.	(Präposition)

Übungen

1. Adverb oder Präposition? Ordne folgende Wörter in die Tabelle ein!

daneben, durch, entgegen, über, überall, unter, bei, draußen, vor, hinten, hinter

Adverb	Präposition

2. Beschreibe deinen Schulweg! Vergiss dabei nicht, markante Punkte, wie Haltestellen, wichtige Gebäude oder Bahnübergänge, an denen du unterwegs vorbeikommst, zu erwähnen.

Übungen

3. Anna hat ihrer Freundin Isabel den Weg zum Freibad aufgeschrieben. Lies dir ihre Beschreibung durch und streiche alle Angaben, die nicht in einen sachlichen Aufsatz gehören!

Also Isabel, das Thetisbad findest du ganz leicht. Du fährst mit dem Rad von der Schule aus geradeaus zur Dresdner Straße, biegst rechts ab und an der nächsten Kreuzung links in die Heysestraße. Dann fährst du einfach weiter bis zum Café Reiser, wo wir letzte Woche Tinas Geburtstagskuchen bestellt haben. Dort biegst du rechts ab und radelst die Pappelallee entlang. Pass aber auf, in Nummer 23 wohnt Herr Schweiger, der hat einen ganz süßen kleinen Hund; ich denke, es ist ein Spitz. Du biegst dann an der zweiten Kreuzung rechts in die Wiesenstraße ein, hältst dich links und fährst gleich an der nächsten Kreuzung schräg links in die Zeisigallee. Dann kannst du den Eingang zum Schwimmbad eigentlich schon sehen.

4. Trenne folgende Buchstabenreihe und ordne die Wörter den jeweils passenden Wortfeldern zu:

STRASSENBAHNÜBERQUERENPOSTAMTDURCHWANDERNMOTORRADKIRCHE
ABBIEGENICEFAHRRADENTLANGGEHENHOTELRATHAUSPASSIERENBUSMUSEUM

Bewegungsrichtung: ______________________________

____

____

Fortbewegungsmittel: ______________________________

____

____

Gebäude: ______________________________

____

____

Lösungen

1. **Adverbien:** daneben, überall, draußen, hinten
Präpositionen: durch, entgegen, über, unter, bei, vor, hinter

2. Da wir deinen Schulweg nicht kennen, können wir dir leider nicht vorgeben, wie er am besten zu beschreiben ist. Aber frage doch einmal jemanden, der diesen Weg nicht jeden Tag zurücklegt, ob er zu deiner Schule finden würde.

3. ~~Also Isabel, das Thetisbad findest du ganz leicht.~~ Du fährst mit dem Rad von der Schule aus geradeaus zur Dresdner Straße, biegst rechts ab und an der nächsten Kreuzung links in die Heysestraße. Dann fährst du einfach weiter bis zum Café Reiser, ~~wo wir letzte Woche Tinas Geburtstagskuchen bestellt haben~~. Dort biegst du rechts ab und radelst die Pappelallee entlang. ~~Pass aber auf, in Nummer 23 wohnt Herr Schweiger, der hat einen ganz süßen kleinen Hund; ich denke, es ist ein Spitz.~~ Du biegst dann an der zweiten Kreuzung rechts in die Wiesenstraße ein, hältst dich links und fährst gleich an der nächsten Kreuzung schräg links in die Zeisigallee. Dann kannst du den Eingang zum Schwimmbad ~~eigentlich schon~~ sehen.

4. **Bewegungsrichtung:** überqueren, durchwandern, entlanggehen, abbiegen, passieren
Fortbewegungsmittel: Straßenbahn, Motorrad, ICE, Fahrrad, Bus
Gebäude: Postamt, Kirche, Hotel, Rathaus, Museum

Die Personen-beschreibung

Ziel der Personenbeschreibung ist es, jemandem, der die Person nicht kennt, ein genaues Bild von ihr zu vermitteln. Hierzu werden das Aussehen sowie besondere Erkennungs-merkmale beschrieben.

→ **REGEL**
Die Personenbeschreibung wird immer im **Präsens** verfasst. Sie gehört zu den **sachlichen Aufsatzformen** und soll den Leser informieren.

TIPP Beschreibe zunächst immer, was auf den ersten Blick sichtbar ist, und gehe erst dann auf die Details ein.

Es ist sinnvoll, die Personenbeschreibung nach folgendem Muster aufzubauen:

- allgemeine Informationen (Name, Geschlecht, Alter, Herkunft)
- Äußere Erscheinung (Körpergröße, Statur, Kleidung, Accessoires)
- Gesicht (Haar- und Augenfarbe, Kopfform, Aussehen von Ohren, Nase und Mund)

→ **REGEL**
Wenn man die zu beschreibende Person persönlich kennt, muss man auch ihre **Eigenschaften**, **Gewohnheiten** und ihren **Charakter** beschreiben.

Beispiele: Er liebt Katzen.
Sie ist etwas tollpatschig.
Er kann sehr gut mit Kindern umgehen.

TIPP Beschreibe diejenigen Merkmale besonders ausführlich, die die Person von anderen Personen unterscheiden.

Beispiele: eine gekrümmte Nase, ein Tattoo oder eine auffällige Narbe

Übungen

1. Suche Adjektive, die dir bei einer Personenbeschreibung helfen!

Größe: ______________________________

Statur: ______________________________

____

____

Gesicht/Gesichtsform: ______________________________

____

____

____

Haut: ______________________________

____

Nase: ______________________________

____

Mund: ______________________________

Haare/Frisur: ______________________________

____

____

2. Schau dir Lisa genau an. Fülle dann den Bogen zur Personenbeschreibung aus!

Name: ______________________________

Geschlecht: ______________________________

Statur: ______________________________

Kleidung/Accessoires: ______________________________

____

____

Übungen

Gesicht:

Haare/Frisur:

Besondere Merkmale:

3. Verfasse eine Personenbeschreibung zu deinem Vater oder deiner Mutter. Nimm dafür deine Adjektiv-Sammlung aus Übung 1 zur Hilfe!

Lösungen

1. **Größe:** klein, winzig, mittelgroß, groß, riesig, ...
Statur: zierlich, dünn, mager, dürr, schlank, gertenschlank, schmächtig, schmal, dick, rundlich, mollig, füllig, breit, muskulös, kräftig, ...
Gesicht/Gesichtsform: schmal, oval, länglich, rundlich, breit, spitz, herzförmig, ...
Haut: faltig, glatt, rosig, gebräunt, blass, sommersprossig, rotwangig, ...
Nase: klein, groß, schmal, lang, gebogen, spitz, schief, breit, ...
Mund: voll, breit, schmal, lächelnd, verkniffen, ...
Haare/Frisur: lang, kurz, schulterlang, dünn, dick, füllig, Zopf, Glatze, lockig, glatt, gewellt, spärlich, dicht, blond, braunhaarig, rothaarig, grauhaarig, ...

2. **Name:** Lisa; **Geschlecht:** weiblich; **Statur:** schlank; **Kleidung:** einfarbiges T-Shirt, kurze Jacke, gestreifter Rock, Sandalen, Armband; **Gesicht:** schmales Gesicht, spitzes Kinn, Sommersprossen, große Augen; **Haare/Frisur:** lange Haare, zu zwei seitlichen Zöpfen zusammengebunden; **Besondere Merkmale:** Gips am linken Bein

3. **Mögliche Lösung:**
Max Meier ist 45 Jahre alt, männlich und stammt aus München, wo er auch heute noch lebt. Er ist 1,87 m groß und von kräftiger Statur. Seine Schultern sind auffallend breit. Herr Meier trägt meist blaue Jeans und ein einfarbiges Hemd. Darüber hinaus hat er immer einen Ring am Ringfinger der linken Hand und eine silberne Armbanduhr am linken Handgelenk. Sein Gesicht ist länglich, seine Haut leicht gebräunt. Die blauen Augen stehen eher weit auseinander. Seine braunen, leicht gewellten Haare trägt er kurz. Besonders zeichnen ihn seine ruhige, besonnene Art sowie sein freundliches, hilfsbereites Wesen aus.

Der sachliche Brief: Formalien

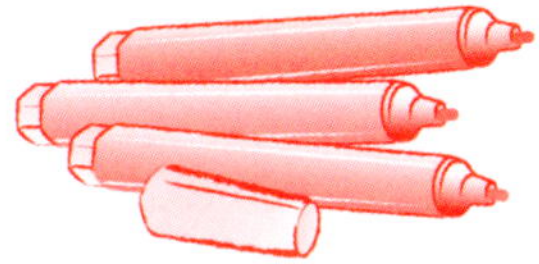

In einem persönlichen Brief schreibst du einem Freund, einer Freundin oder einem Verwandten, also einer Person, die du gut kennst. In einem sachlichen Brief wendest du dich mit einem bestimmten Anliegen an jemanden, den du meist gar nicht persönlich kennst. Deshalb ist die äußere Form hier besonders wichtig.

Auf dieser Seite siehst du, wie ein solcher Brief aufgebaut sein muss. Immer wenn eine oder zwei Zeilen frei bleiben, musst auch du in deinem Brief eine Zeile frei lassen. Wenn in der ersten Zeile *Absender* steht, musst du dort deinen Namen angeben.

Vorname Nachname des Absenders — Tag Monat Jahr
Straße Hausnummer
Postleitzahl Ort
Tel.: Vorwahl/Rufnummer

Vorname Nachname des Empfängers
Straße Hausnummer

Postleitzahl Ort

„Betreff"-Zeile (z. B.) Kaputte Fensterscheibe

Sehr geehrte(r) ...,

Text deines Briefes,
in Abschnitte gegliedert

Grußformel (z. B.) Mit freundlichen Grüßen

Unterschrift

TIPP Verwende für jeden neuen Gesichtspunkt in deinem Text einen neuen Absatz. Da du an jemanden schreibst, mit dem du dich auf sachliche Art und Weise auseinandersetzt, musst du besonders höflich sein:
Du schreibst also die Anredepronomen (*Sie*, *Ihr*, *Ihrer*, *Ihnen* usw.) groß. Nach der Anrede „*Sehr geehrte(r)*" setzt du ein Komma. Danach schreibst du in der übernächsten Zeile klein weiter.

Übungen

1. Formuliere zu den folgenden Themen eine Betreff-Zeile!
Nochmals zur Erinnerung: In der Betreff-Zeile teilst du dem Empfänger deines Briefes in Kurzform mit, worum es in deinem Anschreiben geht.

a) Du hast aus der Garage der Nachbarn die Tischtennisschläger geholt und dabei mit dem Reißverschluss deiner Jacke einen langen Kratzer an der Fahrertür des Autos verursacht. Nun musst du der Haftpflichtversicherung den Hergang schildern.

____

b) Dein Fahrrad ist dir an der S-Bahn-Station gestohlen worden.
Du schreibst einen Brief an die Polizei.

____

c) Deine Klasse schreibt einen Brief an den Direktor. Ihr bittet ihn darin um die Überdachung der Fahrradständer.

____

2. Auf der nächsten Seite findest du mehrere leere Kästchen, die zusammen ein Formular für einen Brief ergeben. Setze die folgenden Angaben in die richtigen Kästchen ein!
Verfasse im Textfeld ein Anschreiben an die Hausverwaltung mit folgendem Anliegen: Du bittest im Namen aller Kinder im Block darum, dass ihr auf den Hofwegen Rad fahren und inlineskaten dürft, was bisher verboten war.

Hausverwaltung Gruber Maiglöckchenweg 3 80335 München	Maria Stein Anemonenweg 20 80334 München 089/76 25 43
Mit freundlichen Grüßen	Änderung der Hofordnung
Sehr geehrte Damen und Herren,	Maria Stein
9. Mai 2009	

Übungen

Lösungen

1. **Mögliche Lösung:**

a) Beschädigte Fahrertür eines PKWs
b) Fahrraddiebstahl
c) Überdachung der Fahrradständer

2.

Maria Stein
Anemonenweg 20
80334 München
089/76 25 43

9. Mai 2009

Hausverwaltung Gruber
Maiglöckchenweg 3
80335 München

Änderung der Hofordnung

Sehr geehrte Damen und Herren,

wie Sie wissen, dürfen wir in unserem Innenhof im Wohnblock Anemonenweg bisher nicht Rad fahren oder inlineskaten.
Da wir aber in der Nähe sonst wirklich keine anderen Flächen dazu haben, möchten wir Sie ganz herzlich bitten, dieses Verbot aufzuheben. Wir können sonst nirgends üben.
Unsere Eltern sind alle damit einverstanden. Wir versprechen Ihnen auch, auf kleinere Kinder und ältere Leute gut aufzupassen.

(Natürlich muss dein Text nicht haargenau so lauten, um richtig zu sein.)

Mit freundlichen Grüßen

Maria Stein

Der sachliche Brief: Inhalt

Wenn du jemandem einen sachlichen Brief schreibst, denke daran, dass du dem Adressaten in knapper Form dein Anliegen mitteilst. Das kann ein Wunsch, eine Bitte, eine Aufforderung, ein Vorschlag oder eine Frage sein.

→ REGEL
Wende dich in **kurzer** und **knapper Form** an deinen Briefpartner und beschränke dich auf das **Wesentliche**.

Wenn du beispielsweise an den Direktor deiner Schule oder die Hausverwaltung schreibst, dann landen dort jeden Tag viele Briefe auf dem Schreibtisch. Die Menschen, die diese Briefe lesen und beantworten müssen, sind also daran interessiert, dass du mit deinem Anliegen möglichst schnell auf den Punkt kommst. Überlege dir also genau, was wichtig ist, und lasse alle überflüssigen Einzelheiten weg.

→ REGEL
Schreibe in **höflichem** und der Sache **angemessenem Ton**. Dazu gehört die **Großschreibung der Anredepronomen** ebenso wie die Formulierung deines Anliegens im **Konjunktiv**.

Beispiel: *„Könnten Sie mir bitte ... mitteilen"*, statt *„Schreiben Sie mir ..."*.

Das heißt nicht, dass du unterwürfig sein sollst, aber wenn du z. B. von deiner Lehrerin erfahren möchtest, ob du für eine Familienfeier vom Unterricht befreit werden kannst, wäre es falsch, wenn du folgendermaßen anfragst: „Ich will zur Taufe meiner Kusine und möchte, dass Sie mir für zwei Tage freigeben. Klar?" Du wirst sicher mehr erreichen, wenn du deinen Wunsch in höflicher Form vorträgst. Denke außerdem immer daran, dass du einen Leser vor dir hast. Du erleichterst ihm oder ihr das Verständnis, wenn du in einer klaren und einfachen Sprache schreibst.

TIPP Achte auch darauf, dass du den Adressaten korrekt anredest – z. B. Sehr geehrter Herr Wagner, ...

Übungen

1. An wen schreibst du sachliche Briefe, an wen persönliche?
Ordne ein!

Schwimmverein, Oma, Polizei, Eltern, Versicherung, Tante Helga, Jugendherberge, Jenny, Frank, Tierschutzverein, Isabel, Jugendbuchverlag, FC Bayern, Onkel Kurt

persönlicher Brief	sachlicher Brief

2. Hier hat sich jemand im Ton vergriffen. Schreibe eine Verbesserung, in der du in angemessener Form das gleiche Anliegen vorbringst.

Lieber Direktor,

zurzeit ist es ziemlich heiß in der Schule, gearbeitet wird so kurz vor den Ferien sowieso nicht mehr richtig. Meine Klassenkameraden und ich wollen deshalb hitzefrei. Das müsste doch zu machen sein. Oder? Uns reicht es auf jeden Fall.

Tschüss,
ihr Schüler Philipp

Verbesserung:

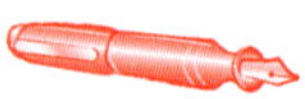

Übungen

3. Deine Klasse hat beschlossen, im Rahmen des Deutschunterrichts die Jugendbücherei der Stadt zu besuchen. Als Klassensprecher hast du den Auftrag erhalten, die Bibliothekarin Frau Holl um eine kurze Führung zu bitten. Schreibe ihr einen Brief!

Lösungen

1.

persönlicher Brief	sachlicher Brief
Oma	Schwimmverein
Eltern	Polizei
Tante Helga	Versicherung
Jenny	Jugendherberge
Frank	Tierschutzverein
Isabel	Jugendbuchverlag
Onkel Kurt	FC Bayern

2. **Mögliche Verbesserung:**
Sehr geehrter Herr Direktor,
wie Sie wissen, sind die Temperaturen in unserer Schule zurzeit außerordentlich hoch. Unser Klassenzimmer liegt auf der Südseite und die Sonne scheint den ganzen Vormittag direkt auf die Scheiben, sodass an normales Arbeiten nicht zu denken ist. Mittlerweile befinden wir uns am Ende des Schuljahres und der Stoff ist komplett durchgenommen. Daher möchten wir Sie fragen, ob es möglich wäre, uns die nächsten Tage nach der vierten Stunde hitzefrei zu geben.
Für Ihr Verständnis bedanken wir uns recht herzlich.
Mit freundlichen Grüßen
Ihr Schüler Philipp Schneider, Klasse 6c

3. **So ähnlich könnte dein Brief aussehen:**
Sehr geehrte Frau Holl,
gestern durften wir im Deutschunterricht unsere Lieblingsbücher vorstellen. Dabei kamen wir auf die Idee, dass wir uns in der Jugendbücherei weitere Bücher anschauen könnten. Wir planen nun einen gemeinsamen Besuch mit unserer Lehrerin.
Damit wir die Bibliothek auch richtig nutzen können, möchten wir Sie um eine kurze Führung bitten. Wir würden uns sehr freuen, wenn Sie uns einen Termin nennen könnten.
Mit freundlichen Grüßen
Marc Walde, Klasse 6a
(Klassensprecher)

Test

1. In welchen Schritten erfolgt der Aufbau einer Erzählung?

____

____

2. Vervollständige die folgenden Sätze!

Lebendiger wird ein Aufsatz durch Verwendung der ______________________

____

Wiederholungen vermeidest du durch ______________________

____

Nicht nur das äußere Geschehen ist wichtig, sondern auch ______________________

____

Die Fantasie des Lesers weckst du durch ______________________

____

3. Wie nennt man die zwei Typen von Erzählern?

a) ____

b) ____

4. Ordne die Merkmale den verschieden Erzähltypen zu!

Geschehen wird nur aus einer Sicht beschrieben; 1. Person Singular; nicht an der Geschichte beteiligt; nimmt meist aktiv am Geschehen teil; kennt die Gefühle und Gedanken aller Personen

a) Icherzähler	b) allwissender Erzähler

5. Ergänze die Sätze, indem du die angegebenen Wörter einsetzt!

Erzählkern; Erlebniserzählung mit einem vorgegebenen Anfang; Reizwortgeschichte

a) Bei einer ____________________ musst du drei bis vier vorgegebene Wörter so miteinander in Verbindung bringen, dass eine logische und spannende Geschichte entsteht.

b) Ein ____________________ enthält in kurzer und knapper Form die wichtigsten Angaben zu Ort, Zeit und Personen einer Handlung. Das Wesentliche eines Geschehens wird auf sachliche Weise mitgeteilt.

c) Setze eine ____________________________________ fort, ohne dass der Leser erkennt, von welchem Moment an du sie geschrieben hast.

6. Welche spannungssteigernden Mittel sind in den folgenden Beispielsätzen zu finden?

a) diebisch wie eine Elster sein ____________________________________

b) Sie lief, als wäre der Teufel hinter ihr her. ______________________________

c) „Das ist doch nicht wahr!", schrie er. ________________________________

d) Ich war verblüfft und dachte: „Warum tat er das? Hatte er den Verstand verloren?" ____________________________________

e) Plötzlich greift das Feuer auf das andere Haus über. Die Flammen züngeln schon an der großen, weißen Holztür empor! ____________________________

____

f) Lukas: „Ich gehe doch schon mal vor!" Lara: „Wage das ja nicht!"

____

7. In welchem Tempus stehen Vorgangsbeschreibungen und welchen Grund gibt es dafür?

Tempus: ____

Begründung: ____

8. In der linken Spalte der Tabelle findest du Sätze, von denen die meisten nicht in einem Bericht stehen dürften. Gib den Grund dafür an, indem du den entsprechenden Buchstaben in die mittlere Spalte einträgst! In der rechten Spalte ist Platz für einen Verbesserungsvorschlag.

a) *wörtliche Rede*; b) *Bild*, *Vergleich*; c) *spannungssteigernde Wirkung*;
d) *korrekt*

1. „Tom“, schimpfte der Lehrer empört, „wenn du noch einmal die Schule schwänzt, muss ich dir einen Verweis geben.“		
2. Als Peter das hörte, wurde er weiß wie eine Wand.		
3. Am Samstag, 20. April 2009, ereignete sich um 18.30 Uhr auf der Frauenrichter Straße ein schwerer Unfall.		
4. Mit zitternden Fingern öffnete der Täter die Kasse und entnahm ihr einige 100-Euro-Scheine.		

9. Folgende Stichpunkte sind noch nicht im Sachstil formuliert und außerdem in der falschen Reihenfolge. Schreibe die Sätze mit den notwendigen Veränderungen zu einem kurzen Bericht zusammen! Schreibe in der Erform!

- Schon bald qualmte es aus der Mülltonne und nur ein paar Minuten später schlugen die Flammen schon bis zum Vordach. Ein Lehrer hat dann die Feuerwehr gerufen.
- In der großen Pause kommen immer ein paar ältere Schüler aus der 10. Klasse zusammen, um zu rauchen. Natürlich ist das streng verboten!

- Vor einer Woche, also am 25.5.09, kam es in unserem Maximilians-Gymnasium zu einem Feuerwehreinsatz.
- Ziemlich bald kam unser Vertrauenslehrer vorbei und was machen die Dummköpfe? Schmeißen ihre Zigaretten in die große Mülltonne, die sich nur wenige Meter neben dem Eingang befindet!
- Die beteiligten Jungen aus der 10. Klasse haben einen dicken Verweis bekommen und ihre Eltern mussten den Feuerwehreinsatz bezahlen.
- Ein paar aus unserer Klasse (6b) haben den Vorfall beobachtet, trauten sich aber nicht zu petzen.

10. Schreibe nun aus deinem Bericht die Antworten auf die sechs W-Fragen heraus!

____

____

____

____

____

____

11. Herr Luchs muss dringend verreisen. Frau Hille und ihre Tochter Christine haben angeboten, sich um seine zwei Katzen zu kümmern. Auf dem Küchentisch finden sie folgenden Zettel. Setze die fehlenden Pronomen ein!

Liebe Frau Hille,
danke nochmals für ________ freundliche Hilfe. Das Futter für die Katzen finden ________ unten links im Küchenschrank. Was mir noch eingefallen ist: Könnten _______ vielleicht einmal die Blumen gießen? Das wäre wirklich sehr nett von ________!
Herzlichen Dank
________ Lars Luchs.

P. S. Ein paar Worte noch an _______ Tochter:

Liebe Christine, wenn _______ mit den Katzen spielst, sei vorsichtig mit Lilli, _________ wird manchmal ein bisschen wild und könnte _______ kratzen. Milli kannst _________ stundenlang kraulen, wenn _____ willst, _________ ist eine richtige Schmusekatze.
Liebe Grüße auch an ______________
____________ Lars Luchs.

12. Vervollständige die folgenden Sätze!

Zubereitungsschritte; Fachbegriffen; logische Reihenfolge; wichtigen Angaben; wie etwas funktioniert bzw. gemacht wird; einzelnen Arbeitsschritten; Zutatenliste

a) Vorgangsbeschreibungen informieren in einer sehr klaren und verständlichen Sprache sachlich und genau darüber, ____.

b) Sie enthalten nur die ______________________ und halten eine ______________________________ ein.

c) Der Aufbau richtet sich meistens nach den ______________________________________. Achte darauf, dass du vor lauter Kürze nichts Wichtiges vergisst!

d) Vorgangsbeschreibungen arbeiten oft mit ______________________________________. Achte darauf, ob du sie verstehst.

e) Jedes Kochrezept beginnt mit einer ______________________.

f) Erst dann folgen die einzelnen ______________________.

13. Schreibe aus folgenden Sätzen ein Rezept. Denke an die Zutatenliste!

Ich wasche 250 g Erdbeeren und viertle sie. Ich nehme ein Päckchen Vanillezucker und streue es über die Erdbeeren. Ich stelle die Erdbeeren kalt. Ich nehme 100 ml Sahne und gebe einen Teelöffel Zucker hinzu. Ich schlage die Sahne. Ich verteile die Erdbeeren und die Sahne in zwei Becher.

Lösungen

1. Einleitung; Hauptteil mit Höhepunkt; Schluss

2. wörtlichen Rede; abwechslungsreichen Wortschatz; die innere Handlung; Bilder und Vergleiche

3. a) Icherzähler
b) allwissender Erzähler

4. **Icherzähler:** Geschehen wird nur aus einer Sicht beschrieben; 1. Person Singular; nimmt meist aktiv am Geschehen teil
allwissender Erzähler: nicht an der Geschichte beteiligt; kennt die Gefühle und Gedanken aller Personen

5. a) Reizwortgeschichte
b) Erzählkern
c) Erlebniserzählung mit einem vorgegebenen Anfang

6. a) bildhafte Redewendung / Vergleich
b) Vergleich
c) wörtliche Rede
d) innere Handlung
e) szenisches Präsens
f) Dialog

7. Vorgangsbeschreibungen stehen im Präsens, weil es sich um wiederholbare Vorgänge handelt.

8. **Mögliche Alternativen:**

1. a: Der Lehrer machte Tom eindringlich darauf aufmerksam, dass ihm bei nochmaligem Schwänzen ein Verweis drohe.
2. b: Über diese Nachricht erschrak Peter sehr.
3. d: –
4. c: Anschließend öffnete der Täter die Kasse und entnahm ihr einige 100-Euro-Scheine.

9. **Mögliche Lösung:**

Am 25.05.09 kam es am Maximilians-Gymnasium zu einem Feuerwehreinsatz. Grund dafür waren einige Schüler aus der 10. Klasse, die in der großen Pause ihre Zigaretten beim Erscheinen eines Lehrers in die Mülltonne warfen, um nicht beim Rauchen erwischt zu werden. Dies beobachteten einige Schüler aus der Klasse 6b. Kurze Zeit später brannte der gesamte Inhalt der Mülltonne und das Feuer drohte auf das Vordach der Schule überzugreifen. Die beteiligten Schüler der 10. Klasse bekamen einen Verweis, die Kosten für den erfolgten Feuerwehreinsatz wurden ihren Eltern angelastet.

10. *Was ist passiert?* Feuerwehreinsatz wegen einer brennenden Mülltonne.
Wo? Maximilians-Gymnasium.
Wer ist beteiligt? Schüler aus der 10. Klasse.
Wie ist es passiert? Brennende Zigaretten wurden in eine Mülltonne geworfen.
Wann? 25.05.09, in der großen Pause.
Welche Folgen? Verweis für die Schüler; die Kosten für den Feuerwehreinsatz tragen die Eltern.

11. Ihre; Sie; Sie; Ihnen; Ihr; Ihre; Du/du; sie; Dich/dich; Du/du; Du/du; sie; Dich/dich; Dein/dein

12.
a) wie etwas funktioniert bzw. gemacht wird
b) wichtigen Angaben, logische Reihenfolge
c) einzelnen Arbeitsschritten
d) Fachbegriffen
e) Zutatenliste
f) Zubereitungsschritte

13. **Mögliche Lösung:**
Du brauchst (für zwei Personen):
250 g Erdbeeren
1 Päckchen Vanillezucker
100 ml Sahne
1 Teelöffel Zucker
Wasche die Erdbeeren und viertle sie.
Streue 1 Päckchen Vanillezucker über die Erdbeeren und stelle sie anschließend kalt. Schlage nun die Sahne mit dem Zucker steif.
Zum Schluss werden zunächst die Erdbeeren und dann die Sahne auf zwei Becher verteilt.